* Claudia Hohloch *

Schildi Schildkröte entspannt sich

Die besten Übungen aus Yoga und Kinesiologie

Bildnachweis

Gettyimages.de
S. 37 + 76: LokFung | S. 78: Seydoux

Layoutelemente:
Freepik.de/visnezh

Impressum

ISBN: 978-3-96046-118-0

Schildi Schildkröte entspannt sich
Die besten Übungen aus Yoga und Kinesiologie

Klett Kita GmbH
Rotebühlstr. 77
70178 Stuttgart
www.klett-kita.de

Redaktion	Myriam Bork
Redaktionelle Mitarbeit	Nicole Woratz
Autorin	Claudia Hohloch
Fotografie	Nicole Schielberg
Illustration	Alexandra Junge
Gestaltung und Satz	DOPPELPUNKT, Stuttgart
Druck	Paper & Tinta, Nadma

2. Auflage

Inhalt

Ein paar Worte vorab ... 4
Steckbrief von Schildi Schildkröte ... 5

Einführung: Durch die Bewegung in die Entspannung ... 6

Übungsteil: Haltungen aus Yoga und Kinesiologie ... 9
Yoga und Kinesiologie – Tipps für eine Bewegungseinheit ... 10
Yoga: *Adler* ... 11
Yoga: *Beindehnung* ... 12
Yoga: *Bogen* ... 13
Yoga: *Drehsitz* ... 14
Yoga: *Hund* ... 15
Yoga: *Katze und Kuh* ... 16
Yoga: *Katze – Flankendehnung* ... 17
Yoga: *Katze – Balance* ... 18
Yoga: *Kuh – Beindehnung* ... 19
Yoga: *Schildkröte* ... 20
Yoga: *Stuhl* ... 21
Yoga: *Stuhl – Händegruß* ... 22
Yoga: *Taube* ... 23
Kinesiologie: *Gute-Laune-Griff* ... 24
Kinesiologie: *Liegende Acht* ... 25
Kinesiologie: *Positivpunkte* ... 26
Bewegungsablauf: *Schildi grüßt die Sonne* ... 27

Praxisteil: Geschichten und Gedichte zum Mitmachen ... 31
Mitmachideen mit Schildi Schildkröte ... 32
Mitmachgedicht: Entspannt in den Tag ... 33
Mitmachgedicht: Das Frühlingserwachen ... 34
Mitmachgedicht: Meinem Rücken tut das gut! ... 36
Spielidee: Würfel dir die Bewegung ... 37
Mitmachgedicht: Das ist mein Haus ... 38
Mitmachgedicht: Wie die Adler ... 39
Mitmachgedicht: Der Sonne entgegen ... 40
Mitmachgedicht: Der Sommertraum ... 41
Mitmachgeschichte: Kleine Maus, komm spiel mit mir! ... 42
Mitmachgeschichte: Im Wald zur Ruhe finden ... 44
Mitmachgedicht: Mit dem Schifflein auf die See ... 45
Mitmachgeschichte: Die Seiltänzer ... 46
Mitmachgeschichte: Im Herbst, da sind die Drachen los! ... 47
Mitmachgedicht: Gute-Laune-Rezept ... 48
Mitmachgedicht: Von Kopf bis Fuß Entspannung pur ... 49
Mitmachgeschichte: Auf zum Berg ... 50
Mitmachgeschichte: Der schönste Weihnachtsbaum ... 51
Mitmachgedicht: Am Abend zur Ruhe finden ... 52
Mitmachgedicht: Das Mondtänzchen ... 53
Mitmachgeschichte: Skifahren – das macht Spaß! ... 54
Mitmachgeschichte: Auf zum Schlittenfahren ... 55
Mitmachgedicht: Jetzt sind mal die Beine dran! ... 56

Praxisteil: Traumreisen ... 57
Über den Wolken und tief unten im Meer ... 58
Traumreise gegen schlechte Gedanken: Der Bach, der sorgenfrei macht ... 59
Traumreise zum Körperspüren: Das wärmende Licht ... 62
Traumreise für Gedankenstrudel: Tief unten im Meer ... 64
Traumreise zur Atementspannung: Das Schildkrötenboot ... 66
Traumreise für sensible Nasen: Schildis Kräutergarten ... 68
Traumreise zum Abheben: Über den Wolken ... 70

Kopiervorlagen ... 73

Über die Autorin ... 80

Ein paar Worte vorab

Liebe Leserinnen und Leser,

als Lerntherapeutin und Entspannungstrainerin liegt mir die Entwicklung unserer Kinder sehr am Herzen. Besonders in der Praxis mit jüngeren Kindern konnte ich feststellen, dass unsere Jüngsten sehr neugierig und lernfreudig an neue Themen herangehen.
Doch lassen sie sich auch gern ablenken und die Konzentrationsdauer ist recht kurz. Durch den kindlichen Bewegungsdrang kann dann schnell Unruhe entstehen.

Aufgrund dieser Erfahrung habe ich begonnen, alle Angebote für Kindergartenkinder mit Bewegung zu verknüpfen. Außerdem habe ich eine kleine Stoffpuppe als Begleitung eingeführt: Schildi Schildkröte, die Entspannungsexpertin. Die kleine Schildkröte weckt Interesse bei den Kindern und lädt sie ein, in neue Welten einzutauchen.

Die Geschichten, Kreativideen, Mitmachreime und Entspannungsideen aus meiner Praxis sind in dieses Buch geflossen. Durch die abwechslungsreichen Konzepte – unterstützt durch Bewegungselemente aus Yoga und Kinesiologie und Schildi Schildkröte als Freundin für die Kinder – ist eine Reihe entstanden, die allen Mädchen und Jungen Freude am spielerischen und kindgerechten Lernen vermittelt. Die Kinder werden individuell abgeholt und die Themen mithilfe der Stoffschildkröte *be*-greifbar gemacht!

Ich wünsche Ihnen und Ihren Kindern viel Spaß mit Schildi Schildkröte.

Herzlichst, Ihre
Claudia Hohloch

Steckbrief von Schildi Schildkröte

Name	Schildi Schildkröte
Rasse	Relaxis Testudines (Entspannungsschildkröte)
Alter	80 Jahre (was sehr jung ist, da Entspannungsschildkröten mindestens 799 Jahre alt werden – bei entspannter Lebensführung)
Aussehen	grüner Schildkrötenkörper, schwarze Augen, gemusterter Panzer, etwas längere Arme und Beine als eine normale Schildkröte, so dass die Entspannungsschildkröte gut Yoga machen kann
Ernährung	mag am liebsten Obst und Gemüse und frischen Salat
Hobby	alles, was mit Entspannung zu tun hat
Besonderes	hat schon viel erlebt und gibt ihre Tipps oder Lerninhalte gern in gereimter Form weiter

Einführung

In unserer sehr schnelllebigen Zeit fällt es immer schwerer, zu entspannen und zur Ruhe zu finden. Dies macht sich auch bei unseren Kindern bemerkbar. Zusätzlicher Bewegungsmangel trägt noch dazu bei, dass schon im Kindergarten eine immer größer werdende Unruhe zu spüren ist und es Kindern immer schwerer fällt, sich auf eine Sache zu konzentrieren.

Durch die Bewegung in die Entspannung

Es ist weithin bekannt, dass Kinder in Kombination mit Bewegung leichter lernen und sich entwickeln. Begriffe wie *Gehirngymnastik* sind bei uns eingezogen und machen deutlich, dass Lernen nicht nur lesen bedeutet, sondern vor allem durch Bewegung passiert. Auch dass entspannte Kinder leichter lernen, ist längst kein Geheimnis mehr. In diesem Buch finden Sie daher entspannende Bewegungsangebote aus Yoga und Kinesiologie.

Yoga baut Spannungen ab, hilft den Mädchen und Jungen, sich selbst bewusst wahrzunehmen, und stärkt Körper und Geist. Die Muskulatur wird gestärkt und gedehnt. Dadurch können sich die Kinder einfacher entspannen – der Körper und der Geist kommen zur Ruhe. Die Kinesiologie ist eine ganzheitliche Heilmethode, die Lernblockaden durch Bewegung löst und es Kindern jeden Alters ermöglicht, unbeschwert (Lern-)Erfahrungen zu machen, Talente zu entdecken und Fähigkeiten zu verbessern.

Der Körper und der Geist sind immer als Einheit zu verstehen: Bewegung beeinflusst sowohl das körperliche und seelische Wohlbefinden als auch das Denken und die Fähigkeit zu lernen positiv.
Das Ziel ist es, die Kinder innerlich wie äußerlich zu stärken.

Durch die Anwendung bewegungsorientierter Entspannung kann sich also ein vermeintliches Entwicklungsdefizit als geistige Blockade herausstellen, die durch Leistungsdruck, Stress und Ängste entstanden ist – auch schon im Kindergarten.

Vorbeugend angewendet, entstehen Blockaden, Aggressionen, Konzentrationsprobleme und sogenannte Verhaltensauffälligkeiten gar nicht erst. Die motorischen Fähigkeiten werden trainiert und das Selbstbewusstsein wird erheblich gestärkt.

Spielerisch verpackt

Die Übungen aus Yoga und Kinesiologie in diesem Buch wurden speziell ausgewählt, um die Entspannung durch Bewegung zu unterstützen und Entspannung für Kinder erlebbar zu machen. In Geschichten und Gedichten zum Mitmachen finden sich die Haltungen wieder und werden dort spielerisch umgesetzt. Die Kinder können sich sie so gut einprägen und auch selbstständig durchführen – vielleicht sogar zu Hause mit der Familie!

Traumreisen unterstützen die Mädchen und Jungen dabei, tief durchzuatmen, zur Ruhe zu finden und zu entspannen.

Die Bewegungsangebote eignen sich gut für eine kurze Entspannung mit Kindergruppen, zum Beispiel im Stuhlkreis, als Vorbereitung auf die Mittagspause, zum Spannungsabbau oder als Entspannungserlebnis für zwischendurch.

Schildi Schildkröte – die Entspannungsschildkröte

Sich auf die Ruhe einzulassen, kann ganz schön schwierig sein. An einem turbulenten Kita-Tag ist so viel los, die Kinder haben große Pläne und wenig Zeit. Leichter fällt es oft, wenn man eine Freundin an seiner Seite hat: Schildi Schildkröte, die Entspannungsschildkröte und Expertin für Yoga und Kinesiologie, begleitet die Kinder bei den Übungen. Sie geht mit ihnen auf Traumreisen und hilft bei den Übungen. Und wenn sich die Möglichkeit ergibt, jedem Kind aus der Gruppe eine Schildkröte auf den Bauch zu legen, während eine Geschichte zu hören ist, kann man erleben, wie die Kinder noch leichter in die Entspannung finden.

Jedes Angebot mit Schildi Schildkröte beginnt mit einem besonderen Bewegungsablauf: *Schildi grüßt die Sonne* – so entsteht ein Ritual, das den Kindern Halt und Orientierung gibt.

Die kleine Schildkröte hat außerdem Mitmachgeschichten und -gedichte im Gepäck, in denen die Übungen aus Yoga und Kinesiologie kindgerecht und spielerisch zur Anwendung kommen. Bei Fantasiegeschichten und Atementspannungen können die Mädchen und Jungen ganz zur Ruhe kommen. Gerade durch die vielseitige Herangehensweise fühlen sich alle Kinder angesprochen.

Schildi Schildkröte für alle!

Mithilfe der Nähanleitung im Anhang können Sie die kleine Schildkröte selbst nähen – entweder nur eine einzige Schildkröte für die Angebote mit Schildi oder eine für jedes Kind.

So wird Schildi Schildkröte zur Begleiterin und Ansprechpartnerin für die Kinder im Kindergartenalltag. Die Stoffschildkröte nimmt Ängste, motiviert und lädt ein, an Aktivitäten teilzunehmen. Schildi Schildkröte hilft den Kindern, sich auf die angebotene Ruhe und die vielleicht noch ungewohnten Bewegungsabläufe der Übungen einzulassen.

Wenn die Kinder die Gruppe verlassen, nehmen sie ihre Schildkröte mit – als Erinnerung an die Kindergartenzeit und als Entspannungshelfer im Alltag.

Entspannt durch den Alltag – so klappt es!

- Kindern (aber auch Erwachsenen) fällt es grundsätzlich leichter, die ruhige Entspannungsphase anzunehmen und zu genießen, wenn vorher Spannungen oder überschüssige Energien abgebaut werden konnten. Daher: Bewegen, bewegen, bewegen!
- Rituale helfen dabei, von Mal zu Mal leichter in die Entspannung zu finden, denn gewohnte Abläufe schaffen Vertrauen und das Fallenlassen gelingt besser.
- Für eine erfolgreiche Entspannung sollten auch mögliche Störfaktoren vermieden werden: Achten Sie darauf, dass vor Beginn der Entspannungseinheit alle Grundbedürfnisse gestillt sind und niemand in den Raum kommt.
- Eine angenehme Raumtemperatur (fürs Entspannen gern etwas wärmer) und eine ruhige Atmosphäre erleichtern das Entspannen.
- Werden Traumreisen vorgelesen, kann dies im Sitzen, aber auch im Liegen auf gemütlichen Matten, umgesetzt werden. Eine ruhige Stimme und gut platzierte Pausen unterstützen die wohlfühlende Entspannungsatmosphäre noch. Ruhige Musik und entspannende Düfte (zum Beispiel Lavendel) können die Entspannung fördern.
- Um Schildi Schildkröte als neues Gruppenmitglied zu integrieren, sollte man die Schildkröte vorab vorstellen und im Kreis umherwandern lassen, sodass alle Kinder die Schildkröte kennenlernen und sie begrüßen können. Dann ist ein Einstieg in die Mitmachgeschichten und die Traumreisen leichter. Der beigefügte Steckbrief zu Schildi Schildkröte kann dabei helfen.
- Zu einigen Traumreisen und Mitmachgeschichten gibt es Ideen für eine kreative Verarbeitung und Umsetzung des Gehörten, die dabei unterstützen können, das Entspannungserlebnis noch einmal nachzuspüren und zu festigen. Schön ist es außerdem, den Kindern die Möglichkeit einzuräumen, über ihre Gedanken, Gefühle und Wahrnehmungen nach den Geschichten zu reden.

Übungsteil

Haltungen aus Yoga und Kinesiologie

Yoga und Kinesiologie –

Tipps für eine Bewegungseinheit

Der folgende Übungsteil beinhaltet Elemente aus der Kinesiologie, die Blockaden und Denkmuster lösen und den Kindern guttun. Aber auch Yoga-Haltungen fließen mit ein, die Spannungen abbauen, die Muskulatur dehnen und entspannen. Für die Übungen brauchen Sie nur rutschfeste Matten und bequeme Kleidung.

Zu jeder Übung gibt es ein großes Foto und eine ausführliche Beschreibung, sodass Sie die Übung den Kindern gut zeigen können. Hier kommt es nicht auf Perfektion an! Jeder ist anders und unser Körper sagt uns sehr genau, wozu er sich in der Lage fühlt – wir müssen nur genau hinhören.

Das Ziel von Yoga und Kinesiologie ist es, Kindern zu helfen, ihre innere Mitte zu finden und ihre innere Stärke zu spüren – die Übungen in diesem Buch sind genau das richtige Handwerkszeug dafür.

Sie können einzelne Übungen gezielt herausgreifen, Bewegungsabläufe mit den Kindern machen oder ganze Bewegungseinheiten anbieten. Im zweiten Teil des Buches finden Sie passende Themen und Mitmachideen. Wenn die Kinder etwas Übung haben, können sie die Bewegungen auch selbstständig durchführen, wann immer ihnen danach ist.

Da Kindern Rituale guttun, findet sich in diesem Kapitel übrigens auch eine Variante des Sonnengrußes, der gut als Einstieg in die Bewegungs- und Sprachfördereinheit genutzt werden kann und die Kinder bereits auf die noch folgenden Übungen und Angebote einstimmt.

Adler

Yoga

So geht's

Im Stand werden die Beine überkreuzt. Dann wird der rechte Arm im Winkel vor den Oberkörper geführt und der linke Arm umrahmt den rechten so, dass die Handflächen sich weitestgehend berühren.

Wirkung

Diese Übung kräftigt die Beinmuskulatur und dehnt und entspannt den Nacken und den Schulterbereich.

Beindehnung

Yoga

So geht's

Aus der Sitzposition heraus wird das rechte Bein nach vorn gestreckt. Der linke Fuß wird an den rechten Oberschenkel angelehnt. Die rechte Hand wird zum rechten Fuß geführt und umschließt das rechte Fußgelenk. Um die Dehnung noch zu steigern, kann die rechte Hand zu den rechten Zehen geführt werden.

Wirkung

Die Übung dehnt und entspannt die Beinmuskulatur.

Bogen

Yoga

So geht's

Im Liegen auf dem Bauch werden die Beine angewinkelt und nach oben gestreckt. Die Hände umfassen die Fußgelenke. Dabei wird der Oberkörper leicht aufgerichtet.

Wirkung

Diese Übung dehnt und entspannt den Brustwirbelbereich und die Rückenmuskulatur.

Drehsitz

Yoga

So geht's

Im Sitzen wird das rechte Bein lang ausgestreckt. Das linke Bein wird über das rechte auf die andere Seite abgestellt. Der rechte Arm umgreift das linke Bein und die linke Hand wird auf dem Boden abgestellt. Der Blick ist nach links gerichtet. Die Position wird für einige Atemzüge gehalten, dann kann die Seite gewechselt werden.

Wirkung

Diese Übung dehnt und entspannt die Rückenmuskulatur und hält die Wirbelsäule beweglich.

Hund

Yoga

So geht's

Im Vierfüßlerstand werden die Zehen aufgestellt, die Knie durchgedrückt und das Gesäß wird angehoben, sodass der Körper ein Dach bildet. Für ein paar Atemzüge halten. Wichtig: Bei dieser Übung ist auf einen geraden Rücken zu achten.

Wirkung

Diese Übung kann einem Rundrücken vorbeugen. Außerdem kräftigt sie die Arm- und Schultermuskulatur.

Katze und Kuh

Yoga

So geht's

Ausgangsposition ist der Vierfüßlerstand – dabei ist darauf zu achten, dass die Knie unter der Hüfte und die Handgelenke unter den Schultern abgestellt werden. Dann wird das Kinn langsam Richtung Brust geführt und mit der Wirbelsäule ein runder Katzenbuckel geformt. Langsam wird der Blick wieder nach vorn gerichtet und der Rücken wird im Kuhrücken leicht durchgedrückt.

Wirkung

Gerade die Kombination aus Katze und Kuh dehnt und entspannt den Rücken und mobilisiert die Wirbelsäule.

Katze – Flankendehnung

Yoga

So geht's

Aus dem Vierfüßlerstand heraus wird der Oberkörper aufgerichtet und seitlich aufgedreht. Dann das rechte Bein lang ausstrecken, den rechten Arm mit der Handfläche nach oben auf dem Oberschenkel ablegen. Der linke Arm wird über den Kopf zum rechten Fuß gedehnt.

Wirkung

Diese Übung dehnt und entspannt die seitliche Rückenmuskulatur.

Katze – Balance

Yoga

So geht's

Aus der Katze mit Flankendehnung heraus wird die linke Hand seitlich abgestellt, das rechte Bein leicht angehoben und der rechte Arm ausgestreckt Richtung Decke geführt.

Wirkung

Diese Übung fördert die Balance sowie die Konzentration. Außerdem dehnt und kräftigt sie die seitliche Oberkörpermuskulatur.

Kuh – Beindehnung

Yoga

So geht's

Aus der Haltung der Kuh heraus wird das rechte Bein im rechten Winkel nach oben geführt, sodass die Fußsohle zur Decke zeigt. Dann wird mit der rechten Hand das Fußgelenk umfasst. Der Blick ist nach vorn gerichtet. Diese Position für einige Atemzüge halten, dann die Seite wechseln.

Wirkung

Diese Übung fördert die Balance sowie die Konzentration und dehnt außerdem die Oberschenkelmuskulatur.

Schildkröte

Yoga

So geht's

Im Fersensitz werden die Knie leicht nach außen geschoben. Die Arme werden nach vorn ausgestreckt und die Handrücken zueinander gedreht. Die gestreckten Arme werden dann zwischen die Beine geschoben und der Oberkörper wird abgelegt.

Wirkung

Mit dieser Haltung wird der Schulterbereich und der Nacken entspannt und die innere Ruhe wiedergefunden.

Variante: Nach vorn gebeugte Schildkröte

So geht's

Aus der Sitzposition heraus werden die Füße so aufgestellt, dass die Knie nach oben zeigen, dann lässt man die Knie leicht nach außen fallen. Der Oberkörper wird nach vorn gebeugt und die Arme greifen zwischen den Beinbögen von innen nach außen zu den Füßen. So für einige Atemzüge ruhen.

Wirkung

Mit dieser Haltung wird der Rücken entspannt. Außerdem trägt die Übung zur inneren Ruhe bei.

Stuhl

Yoga

So geht's

Aus dem Stand heraus werden die Knie gebeugt und der Oberkörper wird nach vorn geneigt. Die Arme über die Ohren gestreckt nach vorn führen und diese Position für einige Atemzüge halten.

Variante

Für eine Steigerung der Haltung kann ein Fuß auf den Oberschenkel des anderen Beines abgelegt werden. Nach einigen Atemzügen die Seite wechseln.

Wirkung

Diese Haltung kräftigt die Beinmuskulatur und die Standfestigkeit und streckt den Oberkörper. In der Variante fördert die Haltung außerdem die Konzentration.

Stuhl – Händegruß

Yoga

So geht's

Aus der Haltung des Stuhls heraus werden die Hände zum Gruß zueinander geführt und der Oberkörper wird so gedreht, dass der linke Oberarm den rechten Oberschenkel berührt. Die Position wird für mehrere Atemzüge gehalten, danach kann die Seite gewechselt werden.

Wirkung

Diese Übung stärkt den Gleichgewichtssinn, kräftigt die Beinmuskulatur und hält die Wirbelsäule beweglich.

Taube

Yoga

So geht's

Aus der Haltung des Hundes heraus wird das rechte Bein quer vor dem Körper und das linke Bein nach hinten lang ausgestreckt abgelegt. Die Hände werden auf Schulterhöhe abgelegt und der Blick ist nach vorn gerichtet.

Wirkung

Diese Übung dehnt und entspannt das Becken, die Bein- und die Gesäßmuskulatur.

Gute-Laune-Griff

Kinesiologie

So geht's

Gute-Laune-Griff Teil 1: Im Sitzen, Stehen oder Liegen werden die Beine überkreuzt. Die Arme werden ausgestreckt und die Handflächen nach außen gedreht. Die Unterarme werden gekreuzt, sodass die Handflächen sich berühren und die Finger verhaken. Die Hände unterhalb durch den Armbogen zur Brust führen und dabei tief und entspannt atmen.

Gute-Laune-Griff Teil 2: Nach ca. 30 Sekunden wird die Haltung aufgelöst und in die nächste gewechselt: Die Arme werden nach unten ausgestreckt und die Finger zusammengeführt. Diese Haltung 10 Sekunden oder länger halten.

Wirkung

Diese Haltung baut Stress ab, stellt das innere Gleichgewicht wieder her und verbessert die eigene Selbstkontrolle. Außerdem hat der Gute-Laune-Griff eine beruhigende Wirkung und kann daher auch gut vor dem Zubettgehen ausgeführt werden.

Liegende Acht

Kinesiologie

So geht's

Im Sitzen oder Stehen werden die Fingerspitzen zusammengeführt, sodass die Hände ein Dreieck bilden. Dieses Händefenster wird nach oben links geführt, danach mit den Händen eine liegende Acht in die Luft gezeichnet. Nur die Augen verfolgen die Bewegung der Hände – der Oberkörper bleibt starr. Diese Übung mindestens zwölf Mal wiederholen.

Wirkung

Die Liegende Acht kann den Gedankenstrom stoppen und so für mehr Konzentration sorgen. Durch die Überkreuzbewegung der Augen werden außerdem die rechte und die linke Gehirnhälfte miteinander verknüpft. Wird die Übung auf dem Papier mit einem Stift ausgeführt, wird das Handgelenk zusätzlich gelockert und kann das Schriftbild positiv beeinflussen.

Positivpunkte

Kinesiologie

So geht's

Die Finger beider Hände werden auf die Stirnhöcker (zwischen Haaransatz und Brauen) gelegt. Hierbei können die Augen geschlossen werden und es kann zum Beispiel an eine belastende Situation gedacht werden. Die Haltung so lange beibehalten, bis man sich wohler fühlt.

Wirkung

Durch Konflikte verursachter Stress kann damit abgebaut werden. Auch Erinnerungsblockaden werden damit gelöst. Außerdem hat die Übung eine beruhigende Wirkung, was zum Beispiel bei Lampenfieber helfen kann.

Schildi grüßt die Sonne

Ritual zum Einstieg in die Entspannung

Schildi grüßt die Sonne ist eine abgewandelte Form des traditionellen Sonnengrußes. Der Sonnengruß aktiviert, mobilisiert und wärmt den Körper für die kommende Entspannungseinheit auf. Der Rücken und die Wirbelsäule werden gedehnt und entspannt und die Muskulatur wird gekräftigt. Außerdem gibt der Sonnengruß Schwung für den Tag. Die Haltungen werden fließend umgesetzt und bilden mit dem beigefügten Mitmachreim ein schönes Anfangsritual.

Ablauf

Schildkröte

Im Fersensitz die Knie leicht nach außen zeigen lassen und die Hände mit den Handrücken zusammenführen. Die Hände werden dann gemeinsam zwischen die Beine geschoben und der Kopf wird abgelegt.

Händegruß

Von hier aus in den Stand gehen und die Hände zum Gruß nehmen.

Rückbeuge

Mit dem Oberkörper sanft in die Rückbeuge gehen und die Arme mit nach oben nehmen.

Vorbeuge

In die Vorbeuge übergehen – die Hände hierbei zum Boden führen.

Krieger

Die Hände auf der Matte abstellen, das rechte Bein bleibt auf Höhe der Hände in gebeugter Haltung stehen. Das linke Bein wird gestreckt nach hinten geführt.
Hierbei darauf achten, dass das Knie nicht über die Zehen hinausragt, da es sonst zu Knieproblemen kommen kann. Der Blick ist nach vorn gerichtet.

Stütz

Das rechte Bein wird ebenfalls nach hinten geführt. Die Zehen sind aufgestellt.

Fersensitz

Aus dem Stütz in den Fersensitz übergehen, um dann nach vorn zu „schnuppern“: Der Oberkörper wird mit dem Gesicht ganz nah an der Matte nach vorn geführt.

Kobra

In die Kobra übergehen …

Hund

… und anschließend in den Hund.

Nun geht es rückwärts:
Aus der Haltung des Hundes heraus wird das linke Bein in der Beuge vorgestellt zu den Händen – das rechte bleibt gestreckt *(Krieger – seitenverkehrt)*. Dann werden die Füße nebeneinandergestellt *(Vorbeuge)*. Von hier aus aufrichten und in die Rückbeuge gehen. Anschließend den Sonnengruß mit dem Händegruß abschließen.

Schildi grüßt die Sonne

Mitmachreim

Guten Morgen, liebe Sonne, *(Schildkröte)*
schön, dass du mich jetzt aufweckst. *(Händegruß)*
Dann werd ich wach und genieße, *(Rückbeuge)*
wie du meine Nase neckst.

Ich berühre gern den Boden, *(Vorbeuge)*
liebe Erde, du trägst mich,
nährst die Tiere und die Menschen,
dafür danke ich.

Wie ein Krieger stark im Leben, *(Krieger)*
hab auch ich ganz viel zu geben.

Stärke hab ich in den Armen, *(Stütz)*
eins und zwei.
Und Stärke hab ich in den Beinen –
sind doch immer mit dabei.

Meinen Rücken dehn ich und tu Gutes, *(Fersensitz zu Kobra)*
so bin ich jeden Tag guten Mutes.

Einen langen Rücken mach ich gern – *(Hund)*
das ist der Yoga-Hund,
den erkennt man von nah und fern.

Mein linkes Bein, *(Krieger linkes Bein)*
das will auch noch ein Krieger sein.
Dann stell ich beide Beine zusammen,
denn sie sind nicht gern allein. *(Vorbeuge)*

Und dann streck ich mich dir entgegen – *(Rückbeuge)*
liebe Sonne, strahl mich an.
Voller Freude will ich mich bewegen – *(Händegruß)*
jetzt fängt mein Tag erst richtig an!

Geschichten und Gedichte
zum Mitmachen

Mitmachideen mit Schildi Schildkröte

Mit viel Bewegung in die Entspannung

Damit Kinder in die Entspannung finden können, ist es wichtig, dass sie ihre überschüssigen Energien abbauen können, um dann mehr und mehr zu ihrem inneren Gleichgewicht zu finden. Spielen und Toben ist eine Möglichkeit dafür. Dadurch werden sie weniger stressanfällig und sind bereit für neue Abenteuer.
In die folgenden Geschichten und Gedichte zum Mitmachen sind die vorgestellten Übungen aus Yoga und Kinesiologie integriert. Die Haltungen werden spielerisch mit viel Freude umgesetzt und helfen so, dass durch die Bewegung die Entspannung gefunden wird.
Durch regelmäßiges Umsetzen lernen die Kinder, welche Übungen sich wie auf ihren Körper auswirken, und verstehen, auf ihren Körper zu hören und ihm durch die Bewegungen etwas Gutes zu tun.
Für jedes Angebot benötigen Sie eine kleine Stoffschildkröte – entweder aus Ihrem Fundus oder ganz einfach selbst genäht (siehe Anhang). Besonders schön ist es, wenn jedes Kind seine eigene Stoffschildkröte bekommt. Schildi Schildkröte ist immer dabei und leitet die Kinder durch das Angebot.

Die rutschfesten Matten und die bequeme Kleidung gehören zu jeder Bewegungseinheit mit Schildi Schildkröte dazu. Was Sie sonst noch brauchen, finden Sie in den Materiallisten bei den jeweiligen Angeboten.

Ein Ritual mit Schildi Schildkröte

Rituale helfen den Kindern, sich leichter auf das Kommende einzustellen und sich zurechtzufinden. Viele (vor allem schüchterne) Kinder begrüßen schon die kleinsten Rituale, da ihnen diese Halt und Orientierung geben. Ein schöner Ablauf für eine Bewegungseinheit mit Schildi Schildkröte wäre beispielsweise:

- Begrüßen der Kinder im Stuhlkreis
- Vorstellen und Begrüßen von Schildi Schildkröte (gern mithilfe des Steckbriefes)
- gemeinsam die Bewegungseinheit *Schildi grüßt die Sonne* durchführen
- Geschichte oder Gedicht umsetzen
- Schildi Schildkröte wieder verabschieden und Stuhlkreis auflösen

Die Yoga- und Kinesiologiehaltungen können Sie im Vorfeld mit den Kindern üben oder während der Durchführung gemeinsam entdecken.

Entspannt in den Tag

Mitmachgedicht

Alter	ab 3 Jahren
Übungen	Hund, Katze und Kuh, Gute-Laune-Griff
Das bewirkt's	Der Rücken wird gedehnt und entspannt und durch die Haltung aus der Kinesiologie werden Spannungen abgebaut. Die Kinder können mit diesen Übungen entspannt in den Tag starten.

Bewegung ist für uns alle ganz wichtig, das wisst ihr ja schon längst! Schildi Schildkröte hat uns den Sonnengruß gezeigt (Seite 27) – Vielleicht macht ihr ihn sogar inzwischen jeden Tag zu Hause, bevor ihr in den Tag startet? Heute möchte uns Schildi noch eine Übungsfolge zeigen, die uns entspannt in den Tag starten lässt:

Wenn ich morgens früh aufsteh
und ich dann die Sonne seh,
(stehen)

streck ich ihr erst mal den Po entgegen,
denn bis grad bin ich ja noch gelegen.
(Hund)

Auch meinen Rücken will ich wecken,
mach mich rund, ganz ohne Ecken.
(Katze)

Streck dich auch mal ganz weit vor,
ja, am Morgen mach ich das so!
(Kuh)

Ist mein Körper wach und munter,
wird die Welt auch gleich viel bunter!
(strecken)

Gute Laune hab ich dann
(Gute-Laune-Griff Teil 1)
und das sieht man mir auch an!
(Gute-Laune-Griff Teil 2 und lächeln)

Das Frühlingserwachen

Mitmachgedicht

Alter	ab 3 Jahren
Übungen	Katze und Kuh, Katze – Flankendehnung, Katze – Balance, Kuh – Beindehnung
Das bewirkt's	Die Übungen kräftigen und dehnen die Rückenmuskulatur, die seitliche Rückenmuskulatur und die vordere Oberschenkelmuskulatur.

Schildi Schildkröte hat sich heute Morgen gefreut: Über Nacht ist die Blumenwiese erwacht! Richtig bunt und schön sieht alles aus. Schildi will mit uns die bunte Wiese besuchen und hat uns dazu ein Mitmachgedicht mitgebracht:

Über Nacht
(Katze)
sind all die schönen Blumen erwacht.
(Kuh)

Du kannst sie links und rechts von dir sehn,
(Katze – Flankendehnung)
riech ruhig an ihnen und bleibe kurz stehn.
(Katze – Flankendehnung, Seitenwechsel)

Genieß die warmen Sonnenstrahlen auf deiner Haut und im Gesicht,
(Katze – Balance)
so schön wie die Sonne wärmt nur sie dich!
(Katze – Balance, Seitenwechsel)

Die Blumen, sie sind so bunt und schön –
(Kuh – Beindehnung)
von dieser Wiese möchte ich gar nicht mehr gehn!
(Kuh – Beindehnung, Seitenwechsel)

Kleine Kreatividee: **Blumenwiese**

Material: weißes oder hellblaues Tonpapier, Fingerfarben, Pinsel

Zuerst malen die Kinder grüne Blumenstängel auf das Papier, dann dürfen sie sich mit dem Pinsel die Handfläche anmalen (in einer Farbe ihrer Wahl für die Blüte). Danach dürfen die Kinder jeweils links und rechts an den Blumenstängel einen Handabdruck auf das Tonpapier drücken, die die Blüten bilden.
Wer mag, kann eine Hand (nachdem sie wieder sauber ist) mit gelb anmalen und oben in die Ecke mit der Hand im Kreis Abdrücke hinterlassen. So entsteht eine Sonne.

Meinem Rücken tut das gut!

Mitmachgedicht

Alter	ab 3 Jahren
Übungen	Hund, Katze und Kuh, Katze – Flankendehnung, Katze – Balance, Drehsitz, Schildkröte
Das bewirkt's	Diese Übungen entspannen die Rückenmuskulatur und halten die Wirbelsäule beweglich. Ein gesunder Rücken ist wichtig für eine gute, entspannte Körperhaltung. Auch entspanntes Sitzen ist nur möglich, wenn der Rücken fit ist.

Schildi Schildkröte möchte heute mit euch ein paar Übungen machen, die eurem Rücken richtig guttun. Manchmal ziept oder zwackt es und dann ist es gut, wenn man weiß, was einem hilft. Und vielleicht haben auch mal eure Eltern ein Ziehen im Rücken, dann könnt ihr ihnen zeigen, was ihrem Rücken gut tut.

Strecken mit dem Hund am Morgen,
vertreibt alle Sorgen.
(Hund)

Die Katze macht den Rücken rund
(Katze)
und nach der Kuh geht's wieder
in den Hund.
(Kuh, dann Hund)

Seitlich dehnen gehört dazu,
(Katze – Flankendehnung)
in Balance sind wir dann im Nu.
(Katze – Balance)

Und dann kommt die andere Seite dran,
die Entspannung fängt schon an.
(Katze – Flankendehnung, Katze – Balance, Seitenwechsel)

Mit dem Drehsitz gibts kein Ziepen,
(Drehsitz)
zum Schluss in der Schildkröte
entspannt liegen.
(Schildkröte)

Ein entspannter Rücken ist das Ziel –
und wie du siehst:
dafür brauchts nicht viel!

Würfel dir die Bewegung

Spielidee

Alter	ab 3 Jahren
Übungen	Katze, Kuh, Hund, Schildkröte, Taube
Material	Kopiervorlage 3: Der Yoga-Würfel, Scheren, Kleber, Buntstifte
Das bewirkt's	Durch den Würfel werden die Yoga-Übungen spielerisch in den Alltag eingebunden und gefestigt.

Der Yoga-Würfel

Die Kinder kennen jetzt schon einige Yoga-Übungen. Mit dem Yoga-Würfel werden die Übungen ganz einfach spielerisch im Alltag eingebaut: zu Beginn der Yoga-Stunde, im Morgenkreis, zwischendurch – wann immer den Kindern nach einer entspannenden Übung ist.

Jedes Kind bekommt eine Kopie der Würfelvorlage (Seite 76), schneidet sie aus und malt sie an. Danach werden die Ecken zusammengeklebt. Nach dem Trocknen kann es auch schon losgehen: Die Kinder würfeln sich eine Haltung und führen sie aus – das kann auch wunderbar zu einem Spiel von zwei Kindern werden. Beim Fragezeichen machen die Kinder einfach ihre Lieblingshaltung.
Die Kinder können ihren eigenen Würfel auch mit nach Hause nehmen und dort mit den Eltern, Geschwistern oder Freunden Yoga machen.

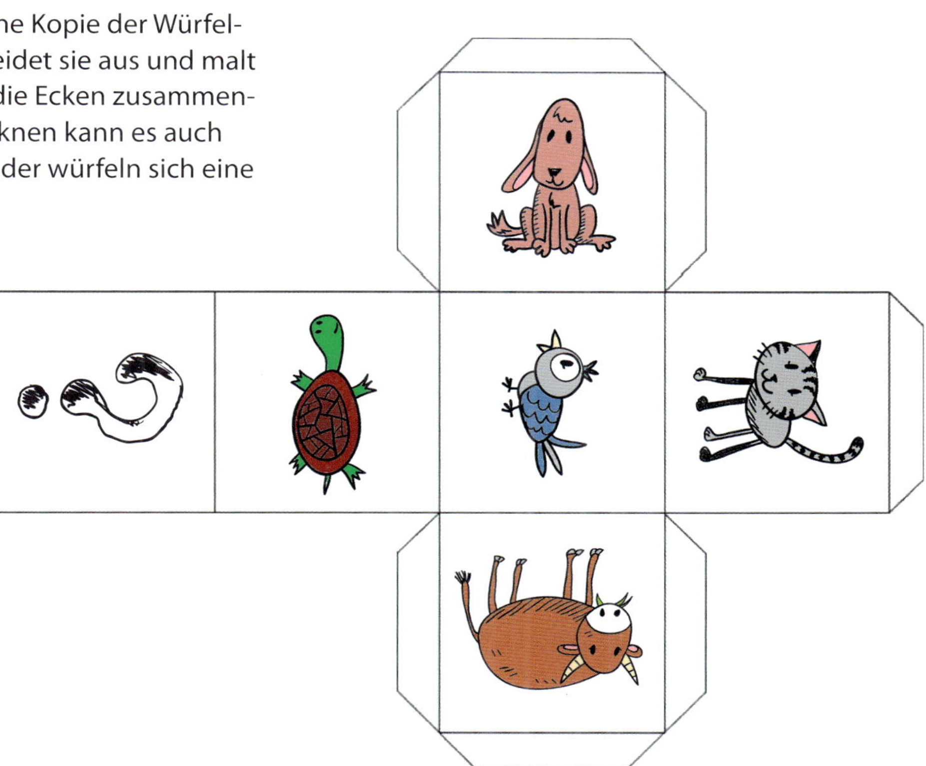

Das ist mein Haus

Mitmachgedicht

Alter	ab 3 Jahren
Übungen	Katze, Hund, Taube, Katze – Flankendehnung, Katze – Balance, Schildkröte
Das bewirkt's	Diese Yoga-Übungen kräftigen, dehnen und entspannen die Beinmuskulatur, außerdem werden die hinteren und seitlichen Rückenmuskeln gedehnt und entspannt. Die Wirbelsäule bleibt flexibel.

In meinem Haus find ich zur Ruh,
und mein Haus bau ich im Nu:

Auf die Mauer kommt ein Dach,
(Katze, dann Hund)
und ein Fenster kommt danach.
(Taube)

Auch ein zweites Fenster darf es sein,
denn mein Haus, das ist nicht klein.
(Taube, Seitenwechsel)

Auch mein Garten wird sehr schön,
(Katze – Flankendehnung)
die tollsten Blumen kannst du hier sehn.
(Katze – Balance)

Alle Gäste staunen sehr:
(Katze – Flankendehnung, Seitenwechsel)
Wo kommen nur all die schönen
Blumen her?
(Katze – Balance, Seitenwechsel)

Abends kuschel ich mich in mein Bett,
ja, mein Zuhause ist echt nett!
(Schildkröte)

Wie die Adler

Mitmachgedicht

Alter	ab 3 Jahren
Übungen	Bogen, Drehsitz, Adler, Stuhl, Stuhl – Händegruß
Das bewirkt's	Diese Übungen dehnen und entspannen vor allem Schultern, Nacken und Rücken und halten die Wirbelsäule beweglich.

Adlerhorst – so heißt das Nest,
ist riesig groß und auch ganz fest.
(Bogen)

Langsam schaut der Adler auf,
denn bald will er hoch hinauf.
(Drehsitz)

Noch sind seine Schwingen angelegt,
doch jetzt wird sich schon bewegt.
(Adler)

Macht jetzt seine Flügel lang,
(Stuhl)
schaut mal links und auch
mal rechts entlang.
(Stuhl – Händegruß auf beide Seiten)

Fliegt dann los – ganz hoch hinauf –
immer höher zu den Wolken rauf.
(Stuhl)

Freiheit spürt er und den Wind –
Freiheit steckt in jedem Kind!

Der Sonne entgegen

Mitmachgedicht

Alter	ab 3 Jahren
Übungen	Stuhl, Stuhl – Händegruß, Hund, Gute-Laune-Griff, Schildkröte
Das bewirkt's	Die kinesiologische Übung baut Stress ab und macht gute Laune. Die Haltungen aus dem Yoga kräftigen und entspannen den Rücken und halten die Wirbelsäule beweglich. Dieses Gedicht eignet sich auch besonders gut für den Morgenkreis!

Morgens, wenn die Sonne lacht,
bin ich ganz schnell aufgewacht!
(strecken)

Streck ihr mein Gesicht entgegen
(Stuhl)
und hab gleich Lust, mich zu bewegen.
(Stuhl – Händegruß auf beide Seiten)

Auch mein Rücken mag die Sonne,
warme Strahlen sind ne wahre Wonne.
(Hund)

Da fühl ich mich gleich richtig gut!
(Gute-Laune-Griff Teil 1)
Geh den Tag an mit viel Mut!
(Gute-Laune-Griff Teil 2)

Wenn die Sonne am Horizont
verschwindet,
hoffe ich, dass sie mich am nächsten Tag
auch wieder findet!
(Schildkröte)

Der Sommertraum

Mitmachgedicht

Alter	ab 3 Jahren
Übungen	Schildkröte, Katze, Hund, Taube
Das bewirkt's	Die Haltungen aus dieser Mitmachgeschichte dehnen und entspannen den Rücken und die Beinmuskulatur.

Es ist warm und Schildi Schildkröte genießt die Sonne auf ihrer Haut. Schildi liebt auch das Freibad – und genau dahin mag sie euch heute mitnehmen! *(Schildkröte)*

Wenn die Sonne mir am Morgen ihre Strahlen schickt,
werde ich von ihr ganz sanft aufgeweckt.
(Katze)

Steht die Sonne dann am höchsten Punkt ganz hell und klar –
(Hund)
geh ich ins Freibad und schwimme ein paar Runden – das ist ganz nah!
(Taube)

Am Beckenrand dreh ich noch einmal um und schwimme weiter –
(Hund)
das macht mich fröhlich und ganz heiter.
(Taube, Seitenwechsel)

Abends geht es dann auch wieder heim,
ich find meine Ruh mit dem letzten Sonnenschein.
(Schildkröte)

Kleine Maus, komm spiel mit mir!

Mitmachgeschichte

Alter	ab 3 Jahren
Übungen	Hund, Katze und Kuh, Katze – Flankendehnung, Katze – Balance, Kuh – Beindehnung, Schildkröte (nach vorn gebeugt)
Das bewirkt's	Diese Übungen dehnen und entspannen den Rücken, die seitliche Rückenmuskulatur und die Oberschenkelmuskulatur und fördern die Balance. Außerdem halten die Übungen die Wirbelsäule beweglich und helfen dabei, zur Ruhe zu finden.

Schildi Schildkröte hat eine Freundin: die kleine Maus Mila. Heute will sie uns mitnehmen, ihre kleine Freundin zu besuchen. Da vorn ist schon ihr Mauseloch *(Hund)*!

Ganz vorsichtig klopft Schildi an die Tür. Mila schaut noch etwas verschlafen aus ihrem Mauseloch und muss erst einmal ihren Rücken aufwecken *(Katze und Kuh im Wechsel)*.

Ihr Rücken ist vom Ausruhen noch ganz verspannt und so streckt sie sich nach rechts *(Katze – Flankendehnung)* und reckt sich dem Himmel entgegen *(Katze – Balance)*.

Und dann kommt die andere Seite dran: Mila streckt sich weit nach links *(Katze – Flankendehnung, Seitenwechsel)* und dann lange nach oben *(Katze – Balance, Seitenwechsel)*.

Jetzt hat die kleine Maus Lust, mit uns zu spielen, und so toben wir mit Mila und Schildi über Feld, durch Wald und Wiesen. Dann kommen wir auch an einen Bach und müssen über eine schmale Brücke gehen – da macht sich sogar die kleine Maus ganz schmal *(Kuh – Beindehnung)*.

Auf der anderen Seite spielen wir wieder weiter. Auf unserem Rückweg kommen wir noch einmal an der Brücke vorbei und machen uns noch mal ganz schmal *(Kuh – Beindehnung, Seitenwechsel)*.

Dann geht es wieder nach Hause. Die kleine Maus verabschiedet sich von uns und verschwindet in ihrem Mauseloch *(Hund)*. Dort legt sie sich ab und schläft schon bald ein *(Schildkröte, nach vorn gebeugt)*.

Mit einem Freund, da tob ich viel,
denn das bringt Freude in jedes Spiel!

Kleine Kreatividee: Schnapp die Maus!

Material: Seile oder Bänder entsprechend der Anzahl der Kinder

Vielleicht haben die Kinder jetzt Lust bekommen, wie Schildi Schildkröte und die kleine Maus zu spielen und zu toben? Dann kommt dieses Spiel genau richtig! Ein Kind wird ausgewählt und darf der Fänger sein. Alle anderen bekommen ein Seil oder ein Band und stecken es so hinten in den Hosenbund, dass der größere Teil des Seils herausschaut.

Der Fänger versucht dann, das „Mäuseschwänzchen" zu schnappen. Hat der Fänger ein Mäuseschwänzchen erwischt, ist auch dieses Kind ein Fänger. Wer bleibt zum Schluss übrig? Das Kind, das als letztes noch sein Seil hat, darf der neue Fänger sein.

Im Wald zur Ruhe finden

Mitmachgeschichte

Alter	ab 3 Jahren
Übungen	Stuhl, Stuhl – Händegruß, Hund, Taube
Das bewirkt's	Diese Übungen dehnen und entspannen den Rücken und die Beinmuskulatur und halten die Wirbelsäule beweglich.

Schildi Schildkröte mag es, wenn viel los ist in ihrem Leben: Sie hat viele Freunde, mit denen sie Abenteuer erlebt. Aber manchmal, da braucht sie auch ein bisschen Ruhe – zum Entspannen und Erholen. Dann geht sie gern spazieren.

Oft spaziert Schildi in den Wald. Dort gibt es viele Bäume *(Stuhl)*, die Schatten spenden und den Tieren ein Zuhause bieten.

Manchmal kann sie Eichhörnchen keckern hören *(Stuhl – Händegruß)* oder kleine Hasen hoppeln sehen *(Stuhl – Händegruß, Seitenwechsel)*.

Schildi sucht sich dann einen besonders schönen Baum, der ihr Schutz und Ruhe bieten kann *(Hund)*, und setzt sich unter den Baum zum Entspannen *(Taube)*. An manchen Tagen genießt sie die Ruhe sogar so sehr, dass sie die Augen schließt und tief durchatmet *(Augen schließen, tief durchatmen)*.

Wenn sie die Augen wieder öffnet, schlendert sie entspannt wieder nach Hause.

Die Natur, sie tut dir gut und schenkt dir Ruh,
ganz entspannt bist du dann im Nu.

Kleine Kreatividee: **Waldmandala**

Material: Kopiervorlage 4: Waldmandala (für jedes Kind), Buntstifte

Jedes Kind bekommt ein Waldmandala und kann es nach eigenen Wünschen anmalen – vielleicht möchten die Kinder nebenbei erzählen, ob sie schon einmal im Wald waren? Konnten sie dort auch entspannen? Was hat ihnen am besten im Wald gefallen?

Mit dem Schifflein auf die See

Mitmachgedicht

Alter	ab 3 Jahren
Übungen	Hund, Taube, Bogen
Das bewirkt's	Die Übungen kräftigen und dehnen die Bein- und die Gesäßmuskulatur und halten die Wirbelsäule beweglich und entspannt.

Heute geht's aufs große Meer,
muss nur noch ein Schifflein her.
(stehen)

Aus der Hütte holen wirs ganz schnell,
denn der Tag ist grad noch hell.
(Hund)

Mit voller Kraft ziehn wirs zur See,
übers Gras und grünen Klee.
(Taube)

Dann fahren wir gemütlich dahin,
in Ruhe zu entspannen, danach steht uns der Sinn.
(Bogen)

Am Abend räumen wir das Schifflein auf,
(Hund)
und schauen zu den Sternen rauf.
(Taube)

Ach, was ist das Leben schön,
so könnte jeder Tag aussehn!

Die Seiltänzer

Mitmachgeschichte

Alter	ab 3 Jahren
Übungen	Hund, Katze und Kuh, Katze – Flankendehnung, Katze – Balance
Das bewirkt's	Diese Übungen dehnen und entspannen den Rücken, die seitliche Rückenmuskulatur sowie die Oberschenkelmuskulatur und fördern die Balance.

Heute möchte Schildi Schildkröte gern mit uns in den Zirkus. Er ist ganz in unserer Nähe, deshalb können wir dort hingehen *(laufen)*.

Ah, da kann ich schon das große bunte Zirkuszelt sehen *(Hund)*! Wir nehmen unsere Plätze ein *(Katze)* und schauen uns um *(Kuh)*.

Ein langes Seil ist gespannt, ganz weit oben unter dem Zeltdach. Dort balanciert grazil ein Seiltänzer entlang *(Katze – Flankendehnung)*. In der Mitte des Seils angekommen, hebt er vorsichtig ein Bein und steht dann nur noch auf dem anderen *(Katze – Balance)*!

Wir kommen aus dem Staunen kaum heraus *(Kuh)*.

Da kommt ein zweiter Seiltänzer von der anderen Seite *(Katze – Flankendehnung, Seitenwechsel)*. Auch er balanciert auf einem Bein in der Mitte des Seils *(Katze – Balance, Seitenwechsel)*!

Gespannt schauen wir nach oben. Das ist bestimmt wackelig *(Kuh)*! Wenn wir groß sind, wollen wir auch zum Zirkus gehen!

Was du willst, das schaffst du auch!
Wenn du übst, dann klappt das auch!

Im Herbst, da sind die Drachen los!

Mitmachgeschichte

Alter	ab 3 Jahren
Übungen	Adler, Hund, Taube
Das bewirkt's	Diese Übungen entspannen den Nacken- und Schulterbereich sowie die Beinmuskulatur und der Rücken wird gedehnt.

Schildi Schildkröte liebt den Herbst! Dann werden die Bäume schön bunt und Schildi bastelt so gern Kastanienschildkröten. Besonders gern mag Schildi aber, wenn sie Drachen steigen lassen kann. Deshalb geht sie heute mit uns auf ein großes Feld.

Unser Drachen ist noch ganz eingerollt *(Adler)*. Wir müssen ihn erst einmal in aller Ruhe auseinanderfalten *(strecken)*.

Dann kommt ein Wind auf und lässt unseren Drachen hoch und immer höher steigen *(Hund)*.

Doch huch, jetzt sinkt unser Drachen plötzlich *(Taube)*! Schnell rennen wir ein Stück und schon ist unser Drachen wieder ganz weit oben *(Hund)*.

Jetzt kommt unser Drachen wieder auf uns zu *(Taube, Seitenwechsel)*. Doch ganz schnell steigt erneut auf *(Hund)*.

Bald wird es Zeit zurückzugehen. Wir rollen unseren Drachen ein *(Adler)* und gehen nach Hause.

Gute-Laune-Rezept

Mitmachgedicht

Alter	ab 3 Jahren
Übungen	Liegende Acht, Positivpunkte, Gute-Laune-Griff
Das bewirkt's	Diese Übungen aus der Kinesiologie bauen Stress und schlechte Gedanken ab und vermitteln ein gutes Gefühl. Außerdem werden die rechte und die linke Gehirnhälfte miteinander verknüpft.

Weil Schildi Schildkröte weiß, dass man manchmal schon schlecht gelaunt aufwacht, hat sie uns heute ein Bewegungsrezept für gute Laune mitgebracht:

Wenn die Gedanken finden keine Ruh,
greife bei der liegenden Acht ruhig zu:

Zwölf Mal wird die Acht gefahren,
so kannst du einen kühlen Kopf bewahren.
(Liegende Acht, zwölf Mal wiederholen)

Quälen doofe Gedanken dich viel zu sehr,
müssen die Positivpunkte her.

Mit dem Stirn-Haltegriff – na klar –

fühlst du dich bald wunderbar!
(Positivpunkte halten)

Und der Gute-Laune-Griff zum Schluss,

(Gute-Laune-Griff Teil 1)
ist bei diesem Rezept ein Muss!
(Gute-Laune-Griff Teil 2)

Von Kopf bis Fuß Entspannung pur

Mitmachgedicht

Alter	ab 3 Jahren
Übungen	Positivpunkte, Hund, Taube, Katze und Kuh, Schildkröte
Das bewirkt's	Die Übungen aus Yoga und Kinesiologie stimmen positiv ein, bauen Spannungen ab und dehnen und entspannen den Rücken und die Beine.

Hände auf die Stirn gelegt,
sind schlechte Gedanken gleich wie weggefegt.
(Positivpunkte halten)

In den Hund geh ich ganz gern,
ein krummer Rücken bleibt mir fern.
(Hund)

Mit der Taube dehn ich meine Beine,
(Taube)
erst das andere, dann das eine.
(Taube, Seitenwechsel)

Was mein Rücken braucht, das weiß ich längst,
mal ist der Rücken rund und mal das Bäuchlein hängt.
(Katze und Kuh im Wechsel)

Die Schildkröte, die kommt zum Schluss,
das ist das Superentspannungsplus!
(Schildkröte)

Auf zum Berg

Mitmachgeschichte

Alter	ab 3 Jahren
Übungen	Hund, Katze und Kuh, Adler
Das bewirkt's	Diese Übungen kräftigen, dehnen und entspannen die Rückenmuskulatur, außerdem wird die Nackenmuskulatur gedehnt und entspannt.

Mit Schildi Schildkröte geht's heute auf den Berg. Dazu ziehen wir unsere Wanderstiefel an *(Anziehbewegung ausführen)* und setzen unseren Sonnenhut auf den Kopf *(Bewegung ausführen)*. Natürlich cremen wir unser Gesicht noch mit Sonnencreme ein *(eincremen)*.

Und schon kann es losgehen *(Laufbewegung machen)*! Ah, da vorn kann ich den Berg schon sehen *(Hund)*! Und schönstes Wetter ist auch – was für ein Glück!

Am Fuß des Berges angekommen schauen wir nach oben: Das wird ziemlich steil *(Kuh)*! Wir müssen sehr vorsichtig sein. Langsam kraxeln wir nach oben *(Katze und Kuh im Wechsel)*.

Nach einer Weile kommen wir am Gipfel des Berges an *(Hund – dann mit den Händen zu den Füßen laufen und so in den Stand kommen)*. Wir strecken uns und schauen uns um *(umschauen)*.

Die Aussicht ist herrlich *(Adler)*. Die Sonne scheint uns warm ins Gesicht und wir sind ganz entspannt.
Eine Weile sitzen wir in der Sonne, dann wird es wieder Zeit, nach Hause zu gehen. Vorsichtig kraxeln wir wieder nach unten *(Katze und Kuh im Wechsel)*.

Unten angekommen, schauen wir noch einmal zu dem schönen Berg hinauf *(Hund)*. Wir kommen bestimmt bald wieder! Dann gehen wir nach Hause *(mit den Händen zu den Füßen laufen und aufrichten)*.

Der schönste Weihnachtsbaum

Mitmachgeschichte

Alter	ab 3 Jahren
Übungen	Hund, Katze und Kuh, Katze – Flankendehnung, Katze – Balance, Kuh – Beindehnung
Das bewirkt's	Diese Übungen dehnen und entspannen den Rücken und die seitliche Rückenmuskulatur und dehnen die Oberschenkelmuskulatur.

Schildi Schildkröte liebt Weihnachten. Besonders gern mag sie es, kurz vor Heiligabend den Weihnachtsbaum zu schmücken.

Dazu stellt sie den Baum auf *(Hund)*. Sie hängt die erste Kugel dran *(Katze und Kuh im Wechsel)*, dann die zweite Kugel *(Katze und Kuh im Wechsel)* – und so macht Schildi weiter, bis alle Kugeln aufgebraucht sind *(Katze und Kuh noch mindestens fünf Mal im Wechsel wiederholen)*.

Dann verteilt Schildi Schildkröte die Kerzen auf dem Baum *(Katze – Flankendehnung)* und zündet sie an *(Katze – Balance)*. Und das macht sie mit jeder Kerze, die sie am Baum befestigt hat *(Katze – Flankendehnung, Seitenwechsel, dann Katze – Balance)*.

Zum Schluss setzt Schildi noch einen wunderschönen Engel auf die Baumspitze *(Kuh – Beindehnung)*. Schildi Schildkröte freut sich: Der Baum sieht einfach toll aus *(Hund)*!

Kleine Kreatividee: Weihnachtsbaumspieße

Material: Schaschlikspieße entsprechend der Anzahl der Kinder, grünes Tonpapier, gelbes Tonpapier, Schere, Bleistift, Lineal

Vorbereitend werden aus dem grünen Papier der Länge nach ca. 2 cm breite Streifen geschnitten. Jedes Kind bekommt einen Schaschlikspieß und einen Streifen des grünen Papiers. Mit der Spitze des Spießes piksen die Kinder nach ca. 5 cm in den Papierstreifen, legen den Streifen dann im Bogen und piksen nach 4 cm wieder hinein, legen wieder einen Bogen und piksen nach 3 cm rein, dann nach 2 cm. Zum Schluss fixieren sie die Tannenbaumspitze im Spieß. Aus dem gelben Papier schneiden die Kinder einen Stern aus und kleben ihn auf den Tannenbaum. Fertig ist der Weihnachtsbaumspieß.

Am Abend zur Ruhe finden

Mitmachgedicht

Alter	ab 3 Jahren
Übungen	Liegende Acht, Positivpunkte, Hund, Taube, Beindehnung, Drehsitz, Schildkröte – normal oder nach vorn gebeugt
Das bewirkt's	Durch die Übungen aus der Kinesiologie werden die Gedanken beruhigt, negative Gedanken aufgelöst und ein positives Gefühl entsteht. Außerdem werden der Rücken und die Beinmuskulatur gedehnt und entspannt und so Spannungen abgebaut. Die innere Ruhe wird gefördert.

Schildi Schildkröte und ich haben euch heute etwas mitgebracht, was euch am Abend helfen kann, besser einzuschlafen. Vielleicht habt ihr Lust, die Übungen mit eurer Mama oder eurem Papa abends zusammen zu machen.

Oft war mein Tag so schön,
da möchten am Abend meine Gedanken
gar nicht gehn.

Mit der liegenden Acht bring ich sie zur Ruh,
(Liegende Acht)
und bei den Positivpunkten mach ich die Augen zu.
(Positivpunkte halten)

Der Hund, der dehnt den Rücken toll,
(Hund)
die Taube dehnt das Bein dann voll.
(Taube)

Zum Hund geht es dann noch mal hoch,
(Hund)
die Taube mit dem anderen Bein –
das weiß ich noch.
(Taube, Seitenwechsel)

Die Beindehnung gehört auch dazu,
(Beindehnung)
im Drehsitz bin ich dann im Nu.
(Drehsitz)

Mit Schildi Schildkröte find ich zur Ruh
und schon fallen mir die Augen zu.
(Schildkröte – normal oder nach vorn gebeugt)

Das Mondtänzchen

Mitmachgedicht

Alter	ab 3 Jahren
Übungen	Schildkröte, Katze – Flankendehnung, Katze – Balance
Das bewirkt's	Diese Yoga-Übungen dehnen und entspannen die (seitliche) Rückenmuskulatur.

Wenn ich abends find zur Ruh,
schau ich gern dem Mond noch zu.
(Schildkröte)

Nachts strahlt er ganz hell ins Zimmer,
(Katze – Flankendehnung)
schenkt mir seinen silbernen Schimmer.
(Katze – Balance)

Von Nacht zu Nacht nimmt sein Kreis zu,
(Katze – Flankendehnung, Seitenwechsel)
und ist ein Vollmond im Nu.
(Katze – Balance, Seitenwechsel)

Fast magisch sieht der Mond dann aus,
er schickt den schönsten Traum in mein Haus.
Schlafen kann ich dann bestimmt,
weil mich der Mond mit zur Trauminsel nimmt.
(Schildkröte)

Skifahren – das macht Spaß!

Mitmachgeschichte

Alter	ab 3 Jahren
Übungen	Stuhl, Stuhl – Händegruß, Adler
Das bewirkt's	Die Übungen kräftigen die Beinmuskulatur, die Wirbelsäule wird beweglich gehalten und die Schulter-Nacken-Partie entspannt.

Schildi Schildkröte nimmt uns heute mit zum Skifahren! Dazu müssen wir zuerst unsere Winterkleidung anziehen. Also schlüpfen wir in unsere dicke Hose, dann in die dicke Jacke *(Anziehbewegungen ausführen)*. Die Mütze auf den Kopf, den Schal um den Hals wickeln und jetzt noch die Handschuhe anziehen, dann können wir los *(Anziehbewegungen ausführen)*!

Wir stapfen zu dem großen Berg *(mit schweren Schritten laufen)*. Vor dem Berg schlüpfen wir in unsere Skier und lassen uns mithilfe des Schlepplifts hinaufziehen *(Stuhl)*.

Oben angekommen genießen wir die Aussicht und suchen uns eine Piste für die Abfahrt aus *(Hände an die Augen legen und umschauen)*.

Dann geht's abwärts *(Stuhl)*. Jetzt kommt eine rasante Rechtskurve *(Stuhl – Händegruß)*.

Da kommt eine scharfe Linkskurve *(Stuhl – Händegruß, Seitenwechsel)*. Dann geht es endlich wieder geradeaus *(Stuhl)*.

Vor uns fahren andere Leute – da wollen wir in der Mitte durch! Das wird eng und wir müssen uns ganz schmal machen *(Adler)*. Dann sind wir endlich unten angekommen! Das war eine schöne Abfahrt *(Ablauf wiederholen oder beenden und nach Hause gehen)*

Skifahren, das ist der Hit –
da komm ich immer wieder gerne mit!

Auf zum Schlittenfahren

Mitmachgeschichte

Alter	ab 3 Jahren
Übungen	Hund, Taube, Drehsitz
Das bewirkt's	Die Übungen kräftigen und dehnen die Bein- und die Gesäßmuskulatur und die Wirbelsäule wird beweglich gehalten und entspannt.

Heute will Schildi mit uns Schlittenfahren gehen – sie genießt es, im Winter Sport zu machen. Und sie möchte euch gern zu diesem Spaß mitnehmen.

Mit unseren warmen Wintersachen machen wir uns auf zum Berg. Den Schlitten ziehen wir schon hinter uns her – auf meinem sitzt Schildi Schildkröte und ihr gefällt es, gezogen zu werden *(laufen und Ziehbewegung ausführen)*.

Endlich sind wir oben auf dem Berg angekommen *(Hund)* und schon sausen wir den Berg hinab *(Taube)*.

Das hat so viel Spaß gemacht, dass wir gleich noch einmal hinaufstapfen *(Hund)* und nach unten sausen *(Taube, Seitenwechsel)*.

Erneut wollen wir den Berg hinauf *(Hund)* – doch dieses Mal wollen wir noch die Aussicht genießen. Langsam geht die Sonne unter und es sieht so schön aus, wie die untergehende Sonne den Berg in bunte Farben taucht *(Drehsitz)*.

Wir schauen uns um und genießen die Aussicht *(Drehsitz, Seitenwechsel)*.

Dann wird es Zeit, nach Hause zu gehen. Dort freuen wir uns auf eine schöne warme Tasse Tee.

Mit Hund und Taube freut sich der Rücken sehr,
und der Drehsitz tut gut – was will man mehr.

Jetzt sind mal die Beine dran!

Mitmachgedicht

Alter	ab 3 Jahren
Übungen	Hund, Taube, Beindehnung, Drehsitz
Das bewirkt's	Diese Yoga-Übungen kräftigen, dehnen und entspannen die Beinmuskulatur.

Den ganzen Tag tragen uns die Beine dahin, wo wir es gern möchten. Manchmal sind sie deshalb abends auch müde und schwer. Höchste Zeit, den Beinen danke zu sagen und ihnen etwas Gutes zu tun – findet Schildi Schildkröte:

Meine Beine sind echt schön –
vom Po bis zu den Füßen kannst du sie sehn!
(Hund)

Mit ihnen komm ich bis ans Ende der Welt
(Taube)
oder bis zum nächsten Erdbeerfeld!
(Taube, Seitenwechsel)

Mit meinen Beinen bin ich schnell, wenn ich es will,
(Beindehnung)
manchmal halt ich aber auch einfach ganz still.
(Beindehnung, Seitenwechsel)

Zum Spaßhaben – da brauchts nicht viel,
(Drehsitz)
denn meine Beine bringen mich an jedes Ziel!
(Drehsitz, Seitenwechsel)

Traumreisen

Über den Wolken und tief unten im Meer

Traumreisen mit Schildi Schildkröte

Ferne Welten, unter Wasser, hoch im Himmel – unsere Fantasie kann überall hinreisen. Traumreisen sind die Türöffner dafür. Wir können loslassen, die Gedanken losschicken, den Körper entspannen. In diesem Teil des Buches finden Sie daher Traumreisen für verschiedene Situationen: wenn schlechte Gedanken kreisen, um den Körper wirklich zu spüren oder die Atmung bewusst zu erleben.

Um die Kinder einzustimmen, beginnt jede Traumreise mit einem kurzen Mitmachgedicht. Übungen aus der Kinesiologie helfen den Kindern, sich auf die Entspannung einzulassen und lassen die Gedanken zur Ruhe kommen. Das Mitmachgedicht wird zum Startsignal. Es sagt: Jetzt geht es los, jetzt kümmere ich mich um mich.

Nach diesem Einstieg machen es sich die Kinder gemütlich, wer mag schließt die Augen. Besonders leicht fällt es den Mädchen und Jungen, in die Entspannung und zur Ruhe zu kommen, wenn sie sich eine Stoff-Schildi auf den Bauch legen können. So spüren sie noch bewusster ihre Atmung.

Natürlich können auch die Traumreisen in das Ritual eingebunden werden, das wir auf Seite 32 vorstellen: Nach einer Begrüßung im Kreis wird die Bewegungsabfolge *Schildi grüßt die Sonne* durchgeführt. Anschließend folgen das Mitmachgedicht und die Traumreise.

Tipp: Manche Traumreisen werden von Kreativideen begleitet. Dies hilft den Kindern, die Entspannung präsent zu halten und das Erlebte kreativ zu verarbeiten. Es lohnt sich auf jeden Fall, noch die Malsachen auszupacken!

Der Bach, der sorgenfrei macht

Traumreise gegen schlechte Gedanken

Alter	ab 3 Jahren
Übungen	Gute-Laune-Griff, Positivpunkte
Das bewirkt's	Die kinesiologischen Übungen vorab bauen Stress ab und stimmen positiv ein, schlechte Denkmuster werden aufgebrochen. Bei der Traumreise können Gedanken losgelassen werden. Die Kinder fühlen sich wohler und entspannter.

Lege dich gemütlich hin. Atme tief ein und aus. Schildi Schildkröte kommt in unsere Mitte. Wenn du magst, schließe die Augen.

Stell dir vor, du bist auf einer grünen Wiese. Die Sonne scheint dir warm in dein Gesicht und auf deinen ganzen Körper. Die Blumen duften und du fühlst dich wohl.

Du denkst über den Tag nach und es fallen dir ein paar Dinge ein, die du nicht so gut findest. Immer wieder kreisen deine Gedanken darum und du kommst ins Grübeln.

Da siehst du, wie sich vor dir das Gras bewegt. Du lächelst, denn das kann nur bedeuten, dass deine Freundin Schildi Schildkröte sich auf den Weg zu dir macht. Und tatsächlich: schon taucht ihr freundliches Gesicht auf.

Sie lädt dich ein, mit ihr zu kommen, und du freust dich schon auf das Erlebnis. Das wird dir heute besonders guttun.

Gemeinsam lauft ihr über das weiche Gras. Ihr geht einen schönen Weg entlang und kommt an eine Stelle, an der ein kleiner Bach fließt.

Ihr setzt euch an einer besonders schönen Stelle hin und genießt das beruhigende Plätschern des Baches. Doch ganz entspannen kannst du noch nicht. Noch immer kreisen deine Gedanken um so vieles, was dich beschäftigt.

Schildi Schildkröte lächelt dir aufmunternd zu und lenkt deinen Blick an die Stelle, aus der der Bach entspringt. Da tauchen wie von Zauberhand rosa und blaue und gelbe Seerosen auf und gleiten sanft und gleichmäßig über das Wasser.

„Lass deine Sorgen vorüberziehen – dann kann es entspannter weitergehen“, sagt Schildi Schildkröte und gibt dir zu verstehen, dass du jeden deiner Gedanken und jede deiner Sorgen auf eine Seerose setzen kannst. Der Bach trägt diese dann davon.

Und so setzt du auf eine Seerose eine Sorge, die dich belastet, und staunst darüber, wie leicht die Seerose diese Sorge für dich davonträgt, bis du sie nicht mehr sehen kannst.
Du nimmst wahr, dass du dich schon leichter fühlst.

Gleich mit dem nächsten schlechten Gedanken machst du weiter. Vorsichtig setzt du ihn auf eine gelbe Seerose und auch er wird davongetragen.

Du merkst, wie du mehr und mehr entspannen kannst. Dein Gesicht fühlt sich schon viel gelöster an und ein sanftes Lächeln zeichnet sich darauf ab.

So schickst du alle schlechten Gedanken auf Seerosen davon, bis der schwerste übrig bleibt. Vorsichtig und mit Bedacht setzt du auch diesen Gedanken auf eine Seerose und beobachtest, wie diese besonders schwere Last davongetragen wird.

Noch eine Weile bleibt ihr am Bach sitzen und genießt die entspannende Ruhe und das sanfte Plätschern.

Dann wird es wieder Zeit, langsam nach Hause zu gehen. Schildi Schildkröte bringt dich noch zurück auf deine Wiese und verabschiedet sich dann von dir.

Leicht und frei und ganz entspannt gehst du nach Hause und genießt die innere Ruhe, die du in dir trägst.

Recke dich und strecke dich. Bewege deine Arme und Beine. Öffne deine Augen – du bist wieder ganz im Hier und Jetzt.

Und so geht's:

Zur Einstimmung führen Sie zusammen das kurze Bewegungsgedicht durch:

Ich hab Mut!

Der Gute-Laune-Griff am Anfang tut mir gut.
(Gute-Laune-Griff Teil 1)
dann durchströmen mich gute Gedanken und auch ganz viel Mut.
(Gute-Laune-Griff Teil 2)

Mit den Händen auf der Stirn, kommen die guten Gedanken zu mir.
Zur Ruhe finde ich dann hier.
(Positivpunkte halten)

Die Geschichte zaubert mir schöne Gefühle dazu.
Ganz leicht entspannen kannst damit auch du!

Anschließend legen sich die Kinder gemütlich hin und lauschen der Geschichte. Lesen Sie langsam und machen Sie viele Pausen, damit die Gedanken der Kinder auf Reisen gehen können.
Einem besonders unruhigen Kind können Sie eine Stoff-Schildi auf den Bauch legen, um dem Kind in die Ruhe zu helfen.

Kleine Kreatividee: Sorgenfreie Seerosen

Material: Kopiervorlage 5: Sorgenfreie Seerosen, buntes Tonpapier, Stifte, Schere, große Schüssel mit Wasser

Sie zeichnen zuerst für alle Kinder die Seerosen auf buntes Papier. Jedes Kind darf eine Seerose ausschneiden und in der Mitte einen guten Gedanken, einen Wunsch oder ein schönes Bild aufzeichnen.
Dann werden die Seerosenblätter nach innen gefaltet. Sind alle Kinder fertig, setzen sie sich in den Kreis. In die Mitte kommt die Schüssel mit dem Wasser. Nun darf jedes Kind seine Seerose auf das Wasser legen und darüber staunen, wie die Blätter langsam aufgehen und die guten Gedanken, Wünsche und Träume offenbart werden.

Das wärmende Licht

Traumreise zum Körperspüren

Alter	ab 3 Jahren
Übungen	Liegende Acht, Positivpunkte
Das bewirkt's	Die kinesiologischen Übungen vorab bauen Stress ab. Bei der Traumreise spüren die Kinder jeden Teil ihres Körpers ganz genau. Eine gute Körperwahrnehmung hilft den Kindern, sich in ihrer Haut wohlzufühlen.

Lege dich gemütlich hin. Atme tief und entspannt ein und aus.

Schließe deine Augen und stell dir vor, du sitzt auf deiner wunderschönen Blumenwiese. Ein warmer Sommertag geht langsam zu Ende und es dämmert schon.

Um dich herum summen schon die Glühwürmchen und tanzen einen fröhlichen Lichtertanz.

Du fühlst dich wohl. Vor dir bewegt sich leicht das Gras und schon taucht das Köpfchen von deiner Freundin Schildi Schildkröte auf. Fröhlich lächelt sie dir zu und gemeinsam genießt ihr die Abendruhe. Es ist eine schöne Zeit fürs entspannen.

Ihr legt euch ins Gras und beobachtet die Glühwürmchen bei ihrem fröhlichen Tanz. Schön sieht es aus, wie immer wieder kleine Lichtlein aufflackern – beinahe magisch. Du schließt die Augen.

Du nimmst dich ganz wahr. Deinen Atem, wie er ruhig und gleichmäßig geht. Dein Herz, wie es entspannt schlägt. Du spürst deine Arme und Beine – bis in die Zehen hinein.

Und dann kannst du es auf einmal fühlen: ganz sanft breitet sich ein helles, warmes Licht pulsierend in deinen Füßen und Zehen aus. Immer weiter wandert das Licht deinen Körper hinauf.

Hell und warm spürst du es in deinen Waden und Knien. Das Licht pulsiert in deinen Oberschenkeln und deinem Becken.

Das Licht wandert weiter und wärmt deinen Bauch. Von dort breitet es sich in deinem ganzen Körper aus: hell und warm und pulsierend. Dabei entspannst du mehr und mehr.

Warm und hell wandert das Licht weiter in deine Arme. Du spürst, wie die Wärme in deinen Fingerspitzen kribbelt.

Ein helles und warmes Licht strahlt auch in dir –
Spüre in dich hinein und glaube mir.

Und auch in deinem Hals und deinem Nacken breitet sich das Licht mehr und mehr aus. Du entspannst und fühlst dich gut. Das warme Licht kitzelt dich an der Nase und wärmt dein Gesicht.

Du spürst die Wärme in deinem ganzen Körper. Du nimmst die Entspannung wahr. Und du spürst das Licht in jeder einzelnen Zelle deines Körpers. Hell und warm und strahlend. Du nimmst es ganz in dir auf und trägst es in dir.

Langsam machst du die Augen wieder auf. Auch Schildi Schildkröte hat die Augen wieder auf. Entspannt lächelt ihr euch zu. Dann wird es Zeit, nach Hause zu gehen.

Ganz entspannt geht ihr euren Weg und freut euch auf das nächste Mal, wenn ihr wieder gemeinsam entspannen wollt.

Langsam bewegst du deine Arme und Beine, deine Hände und Füße. Du reckst dich und streckst dich und bist ganz im Hier und Jetzt.

Und so geht's:

Zur Einstimmung führen Sie zusammen das kurze Bewegungsgedicht durch:

Wir kommen zur Ruhe

Um entspannt der Geschichte zuzuhören,
sollen keine Gedanken die Worte stören.

Mit der Acht beruhige ich den Gedankenstrom ganz leicht,
zwölf Mal ausgeführt – das reicht!
(Liegende Acht)

Mit den Händen auf der Stirn atme ich tief ein und aus,
schöne Gedanken folgen daraus.
(Positivpunkte halten)

Entspannen kann ich jetzt im Nu
und finde mit der Geschichte dann zur Ruh.

Anschließend legen sich die Kinder gemütlich hin und lauschen der Geschichte. Lesen Sie langsam und machen Sie viele Pausen, damit die Gedanken der Kinder auf Reisen gehen können.
Einem besonders unruhigen Kind können Sie eine Stoff-Schildi auf den Bauch legen, um dem Kind in die Ruhe zu helfen.

Tief unten im Meer

Traumreise für Gedankenstrudel

Alter	ab 3 Jahren
Übungen	Liegende Acht, Positivpunkte, Gute-Laune-Griff
Das bewirkt's	Die kinesiologischen Übungen vorab bauen Stress ab. Wenn die Kinder unruhig sind oder viel beschäftigt, hilft diese Traumreise, alle in die Ruhe zu begleiten.

Lege dich gemütlich hin. Atme tief und entspannt ein und aus. Entspanne mit jedem Ausatmen mehr und mehr.

Stell dir vor, du bist an einem schönen Sandstrand. Die Sonne scheint angenehm und wärmt deine Haut.

Es ist ein schöner Sommertag und heute hast du viel erlebt! Deine Gedanken kreisen und finden keine Ruhe. Da kommt Schildi Schildkröte auf dich zu und lächelt dich freundlich an.

Deine Freundin Schildi spürt, dass dich etwas beschäftigt, und lädt dich daher ein, mit ihr zu kommen.

Gemeinsam lauft ihr zum Meer. Schildi Schildkröte möchte mir dir schwimmen und tauchen. Und du ahnst: Mit Schildi Schildkröte an deiner Seite wirst du länger unter Wasser bleiben können als sonst.

Langsam geht ihr in das warme Wasser und schwimmt zuerst ein bisschen, dann taucht ihr unter. Und tatsächlich: Heute kannst du unter Wasser atmen und es fühlt sich gut an.

Vor dir breitet sich eine zauberhafte Unterwasserwelt aus. Bunte Korallen bilden einen schönen Unterwassergarten und die exotischsten Fische schwimmen um dich herum.

Du kannst gelbe und rote Fische sehen. Fische, die golden schimmern, und auch welche, die wie ein Regenbogen aussehen. In Schwärmen sind sie unterwegs und schwimmen leicht und frei um dich herum.

Sie schwimmen in Kreisen und auch, so scheint es, in Achten. Du folgst mit deinem Blick den Bewegungen und merkst, wie die Bewegung der Acht, der du mit deinen Augen folgst, deine Gedanken beruhigt.

Du spürst, wie sich dein Gesicht entspannt und wie deine Gedanken zur Ruhe kommen. Jetzt kannst du das frohe Farbenspiel unter Wasser richtig genießen. Dankbar lächelst du deiner Freundin zu und tauchst mit ihr noch ein bisschen in der schönen Unterwasserwelt.

Dann wird es langsam Zeit aufzutauchen. Ihr schwimmt an die Oberfläche und zurück an den Strand. Fröhlich verabschiedet ihr euch voneinander und geht entspannt nach Hause.

Langsam bewegst du deine Arme und Beine, deine Hände und Füße. Du reckst dich und streckst dich und bist ganz im Hier und Jetzt.

Kleine Kreatividee:
Schildkrötenunterwasserbild

Material: großes, weißes Papier, Wasserfarben, Pinsel oder Schwamm

Zuerst wird das Blatt mit einem breiten Pinsel oder einem Schwamm blau angemalt. Danach wird eine Hand grün angemalt, sodass ein Handabdruck gemacht werden kann. Nun wird die Hand so aufgedrückt, dass die Finger nach unten zeigen. Die Hand bildet den Schildkrötenkörper, der Daumen stellt die Stirn der Schildkröte dar und die Finger sind die Schildkrötenfüße. Um den Daumen wird dann noch ein Schildkrötengesicht gemalt.
Danach dürfen sich die Kinder selbst auf das Bild malen – wie sie neben Schildi Schildkröte Tauchen, und natürlich auch noch eine bunte Unterwasserwelt aufs Papier bringen.

Und so geht's:

Zur Einstimmung führen Sie zusammen das kurze Bewegungsgedicht durch:

Gute Gefühle ziehen ein

Um entspannt der Geschichte zuzuhören,
sollen keine Gedanken die Worte stören.

Mit der Acht beruhige ich den Gedankenstrom
ganz leicht,
zwölf Mal ausgeführt – das reicht!
(Liegende Acht)

Die Hände auf der Stirn helfen zur Ruh,
manchmal mach ich dabei die Augen zu.
(Positivpunkte halten)

Den Gute-Laune-Griff mach ich auch gern,
dann bleiben schlechte Gedanken fern.
(Gute-Laune-Griff Teil 1)

Gute Gefühle ziehen dann ein,
genau so soll es doch auch sein!
(Gute-Laune-Griff Teil 2)

Anschließend legen sich die Kinder gemütlich hin und lauschen der Geschichte. Lesen Sie langsam und machen Sie viele Pausen, damit die Gedanken der Kinder auf Reisen gehen können.
Einem besonders unruhigen Kind können Sie eine Stoff-Schildi auf den Bauch legen, um dem Kind in die Ruhe zu helfen.

Das Schildkrötenboot

Traumreise zur Atementspannung

Alter	ab 3 Jahren
Übungen	Liegende Acht, Positivpunkte, Gute-Laune-Griff
Material	Kopiervorlage 6: Meine Schildkröte (wenn nötig)
Das bewirkt's	Die kinesiologischen Übungen vorab bauen Stress ab und stimmen positiv ein. Bei der Geschichte nehmen die Kinder bewusst ihre Atmung wahr und spüren die beruhigende Wirkung ihrer Atmung.

Lege dich gemütlich hin. Atme tief ein und aus. Mit jedem Ausatmen lässt du dich mehr und mehr in den Boden sinken. Du spürst, wie sich deine Bauchdecke mit dem Atem hebt und senkt, hebt und senkt – ganz von allein, ganz automatisch.

Ich lege dir eine kleine Schildkröte auf den Bauch. Sie darf nun mit deinem Atem schaukeln – ganz sanft, ganz von allein.

Stell dir dabei vor, dein Bauch ist ein kleines Boot und die Schildkröte darf in dem Boot über das Meer gleiten. Deine kleine Schildkröte liebt es, wenn es sanft auf und ab geht – auf und ab.

Und du spürst, wie sich dein Atem beruhigt und immer ruhiger wird. Die Wellen um das kleine Schildkrötenboot werden kleiner und kleiner. Und so schaukelt deine kleine Schildkröte sanft über das ruhige Meer und kann sich ganz entspannt treiben lassen.

Du genießt es noch eine Weile, mit deinem Atem das Boot der kleinen Schildkröte zu schaukeln, und freust dich, dass du der Schildkröte Entspannung schenken kannst.

Gemeinsam lasst ihr euch über das Atemmeer gleiten und spürt die Ruhe, die sich mehr und mehr in euch ausbreitet.

Mit der kleinen Schildkröte auf deinem Bauch kannst du immer wieder zur Ruhe finden: am Morgen, bevor es in den Kindergarten geht, am Mittag in deiner Mittagspause oder auch am Abend, wenn du schlafen möchtest. Dann kannst du dir deine Schildkröte auf den Bauch legen und mit deinem Atem das kleine Schildkrötenboot in die Entspannung schaukeln.

Langsam lässt du nun die kleine Schildkröte mit ihrem Boot an Land kommen.
Du streckst deine Arme und Beine, deine Hände und Füße. Du öffnest deine Augen und bist wieder ganz im Hier und Jetzt angekommen.

Und so geht's:

Zur Einstimmung führen Sie zusammen das kurze Bewegungsgedicht durch:

Gute Gefühle ziehen ein

Um entspannt der Geschichte zuzuhören,
sollen keine Gedanken die Worte stören.

Mit der Acht beruhige ich den Gedankenstrom ganz leicht,
zwölf Mal ausgeführt – das reicht!
(Liegende Acht)

Die Hände auf der Stirn helfen zur Ruh,
manchmal mach ich dabei die Augen zu.
(Positivpunkte halten)

Den Gute-Laune-Griff mach ich auch gern,
dann bleiben schlechte Gedanken fern.
(Gute-Laune-Griff Teil 1)

Gute Gefühle ziehen dann ein,
genau so soll es doch auch sein!
(Gute-Laune-Griff Teil 2)

Anschließend legen sich die Kinder gemütlich hin und lauschen der Geschichte. Jedes Kind bekommt eine Stoff-Schildi, die es sich auf den Bauch legen darf. Dadurch können die Kinder ihren Atem besser beobachten. Wenn Sie nicht für jedes Kind eine Stoff-Schildi haben, können Sie auch für jeden eine Schildkröte ausschneiden (Kopiervorlage 6).
Lesen Sie langsam und machen Sie viele Pausen, damit die Gedanken der Kinder auf Reisen gehen können.

Ruhe finde ich in mir –
Ruhe schenk ich dann auch dir!

Schildis Kräutergarten

Traumreise für sensible Nasen

Alter	ab 3 Jahren
Übungen	Liegende Acht, Positivpunkte, Gute-Laune-Griff
Das bewirkt's	Die kinesiologischen Übungen vorab bauen Stress ab und stimmen positiv ein. Sinneswahrnehmungen helfen bei der Entspannung, zum Beispiel das Riechen: Lavendel hat eine beruhigende Wirkung.

Lege dich gemütlich hin. Atme tief und entspannt ein und aus. Entspanne mit jedem Ausatmen mehr und mehr.

Stell dir vor, du bist auf einer wunderschönen Blumenwiese. Neben dir ist deine Freundin Schildi Schildkröte. Sie lächelt dich freundlich an und lädt dich ein, mit ihr spazieren zu gehen.

Vor euch liegt ein Kiesweg. Ihr lauft über den Weg und bei jedem Schritt knirscht der Kies unter euren Füßen. Du magst das Geräusch – es entspannt dich.

Der Weg führt euch in einen kleinen Garten. Es ist Schildis Kräutergarten. Ihr tretet ein und gleich zu Beginn nimmst du wahr, dass es hier würzig riecht – vielleicht nach Thymian?

Mit jedem Schritt, den du gehst, kommst du an anderen Kräutern vorbei – an einer Stelle riecht es nach Zitrone – vielleicht Zitronenmelisse?

Dann kommt dir der Duft von Kaugummi entgegen – ist das Pfefferminze?

Direkt an Schildis kleinem Gartenhaus wachsen Blumen mit lila Blüten. Du erkennst Lavendel – der Duft entspannt dich. Du setzt dich mit Schildi Schildkröte an das Gartenhaus und genießt die verschiedenen Düfte, die dich umgeben.

Du genießt die Ruhe, die hier herrscht.
Und du spürst die Kraft der Kräuter und Pflanzen an diesem Ort.

Kleine Kreatividee: **Kräutersäckchen**

Material: Organza- oder Baumwollsäckchen (entsprechend der Anzahl der Kinder), verschiedene getrocknete Kräuter

Zu Beginn dürfen die Kinder ausgiebig an den Kräutern schnuppern. Erklären Sie ihnen, welche Wirkungen die Kräuter haben können. Dann erhält jedes Kind ein Säckchen und darf sich sein eigenes Kräutersäckchen füllen.

Schildi Schildkröte erklärt dir: „Blumen und Kräuter können dir Ruhe und Kraft schenken und deine Gedanken in ruhigere Bahnen lenken. Wenn du krank bist, können sie dir helfen, gesund zu werden. Als Tee zum Beispiel!"

Ihr bleibt noch eine Weile am Gartenhaus sitzen, genießt die verschiedenen Düfte, die euch der Wind immer wieder entgegenweht, und die warmen Sonnenstrahlen auf eurer Haut.

Dann macht ihr euch wieder auf den Weg zurück aus dem Garten heraus auf die schöne Wiese.

Du reckst dich und streckst dich, bewegst deine Arme und Beine und bist ganz entspannt wieder im Hier und Jetzt.

Und so geht's:

Zur Einstimmung führen Sie zusammen das kurze Bewegungsgedicht durch:

Gute Gefühle ziehen ein

Um entspannt der Geschichte zuzuhören,
sollen keine Gedanken die Worte stören.

Mit der Acht beruhige ich den Gedankenstrom ganz leicht,
zwölf Mal ausgeführt – das reicht!
(Liegende Acht)

Die Hände auf der Stirn helfen zur Ruh,
manchmal mach ich dabei die Augen zu.
(Positivpunkte halten)

Den Gute-Laune-Griff mach ich auch gern,
dann bleiben schlechte Gedanken fern.
(Gute-Laune-Griff Teil 1)

Gute Gefühle ziehen dann ein,
genau so soll es doch auch sein!
(Gute-Laune-Griff Teil 2)

Anschließend legen sich die Kinder gemütlich hin und lauschen der Geschichte. Lesen Sie langsam und machen Sie viele Pausen, damit die Gedanken der Kinder auf Reisen gehen können.
Einem besonders unruhigen Kind können Sie eine Stoff-Schildi auf den Bauch legen, um dem Kind in die Ruhe zu helfen.

Über den Wolken

Traumreise zum Abheben

Alter	ab 3 Jahren
Übungen	Liegende Acht, Positivpunkte
Das bewirkt's	Die kinesiologischen Übungen vorab bauen Stress ab und stimmen positiv ein und die Traumreise entspannt.

Lege dich gemütlich hin. Atme tief und entspannt ein und aus. Entspanne mit jedem Ausatmen mehr und mehr. Wenn du magst, schließe die Augen.

Du bist auf einer schönen Wiese. Die Sonne scheint dir warm ins Gesicht. Sie wärmt dir dein Gesicht, deinen Bauch, deine Beine. Dein ganzer Körper fühlt sich angenehm warm an.

Die Blumen auf der Wiese duften und die Bienen und Schmetterlinge summen und flattern fröhlich um dich herum. Es ist ein schöner Sommertag. Du setzt dich in das weiche Gras und fühlst dich rundum wohl.

Da siehst du, wie sich vor dir das Gras bewegt. Neugierig schaust du in die Richtung. Zuerst kannst du einen Schildkrötenpanzer erkennen und dann steht auch schon eine kleine freundliche Schildkröte vor dir.

Du erkennst deine Freundin Schildi Schildkröte und freust dich, sie wiederzusehen. Die Schildkröte lädt dich ein, mit ihr zu kommen, und du folgst lächelnd deiner Freundin.

Ihr geht ein kleines Stück die Wiese entlang und kommt an eine Lichtung. Dort bleibt ihr stehen.

Erwartungsvoll schaut Schildi Schildkröte zum Himmel auf. Auch du richtest deinen Blick zum Himmel. Da siehst du staunend, wie eine kleine Wolke sich auf den Weg zu euch macht. Sanft und ruhig gleitet sie zu euch herab.

Lächelnd steigt Schildi Schildkröte auf die Wolke und winkt dich zu sich her. Du steigst zu deiner Freundin auf die Wolke und gemeinsam hebt ihr ab.

Sanft gleitet die Wolke zum Himmel empor. Immer höher und höher steigt ihr. Zuerst kannst du die Autos und Häuser noch gut erkennen, doch schon bald sind es kleine Punkte, die unter euch liegen.

Anfangs kannst du noch den Lärm der Straßen hören, doch je höher ihr steigt, desto ruhiger wird es um euch herum.

Sanft gleitet ihr höher und höher, bis ihr umgeben seid von angenehmer Ruhe. Und du atmest tief durch.

Du spürst die Luft, die in deinen Bauchraum und in deinen ganzen Körper strömt. Entspannt lässt du die Schultern nach unten fallen.

Du spürst, wie die Ruhe sich in dir ausbreitet. Dein Atem geht ruhig und gleichmäßig ein und aus. Du atmest weiter ruhig ein und aus, und du kannst fühlen, wie dein Herz ruhig und gleichmäßig schlägt.

Gemeinsam mit Schildi Schildkröte legst du dich auf die weiche Wolke und ihr genießt die Ruhe, die euch umgibt. Ganz ruhig fühlst du dich und du kannst mehr und mehr entspannen.

Noch eine Weile fliegt ihr auf eurer Wolke umher. Dann wird es Zeit, langsam nach Hause zu gehen.

Sanft gleitet die Wolke wieder über die Dächer und Straßen, zurück zur Wiese, und lässt dich und Schildi Schildkröte absteigen.

Ihr beide seid ganz entspannt und ruhig. Auch für Schildi Schildkröte wird es nun Zeit, nach Hause zu gehen. Sie verabschiedet sich noch von dir – bis zum nächsten Mal, wenn ihr wieder gemeinsam entspannen wollt.

Du fühlst dich ganz ruhig und entspannt. Und dieses gute Gefühl nimmst du mit, wenn du langsam zurückkommst.
Bewege sanft deine Finger und Füße. Bewege deine Arme und Beine. Du bist ganz im Hier und Jetzt.

Und so geht's:

Zur Einstimmung führen Sie zusammen das kurze Bewegungsgedicht durch:

Wir kommen zur Ruhe

Um entspannt der Geschichte zuzuhören,
sollen keine Gedanken die Worte stören.

Mit der Acht beruhige ich den Gedankenstrom ganz leicht,
zwölf Mal ausgeführt – das reicht!
(Liegende Acht)

Mit den Händen auf der Stirn atme ich tief ein und aus,
schöne Gedanken folgen daraus.
(Positivpunkte halten)

Entspannen kann ich jetzt im Nu
und finde mit der Geschichte dann zur Ruh.

Anschließend legen sich die Kinder gemütlich hin und lauschen der Geschichte. Lesen Sie langsam und machen Sie viele Pausen, damit die Gedanken der Kinder auf Reisen gehen können.
Einem besonders unruhigen Kind können Sie eine Stoff-Schildi auf den Bauch legen, um dem Kind in die Ruhe zu helfen.

Kleine Kreatividee: **Wolkenbild**

Material: Malpapier (DIN A3), Wattebausche, Wasserfarben und Wasserbecher

Die Kinder dürfen mit dem Wattebausch ganz vorsichtig ins Wasser tunken und dann in die jeweilige Farbe eintauchen. Hat der Wattebausch die Farbe aufgenommen, wird diese wie sanfte Wolken auf das Bild getupft. Gern können verschiedene Farben genutzt werden, um so ein richtiges Traumwolkenbild zu schaffen.

Kopiervorlagen

Schnittmuster für Schildi Schildkröte

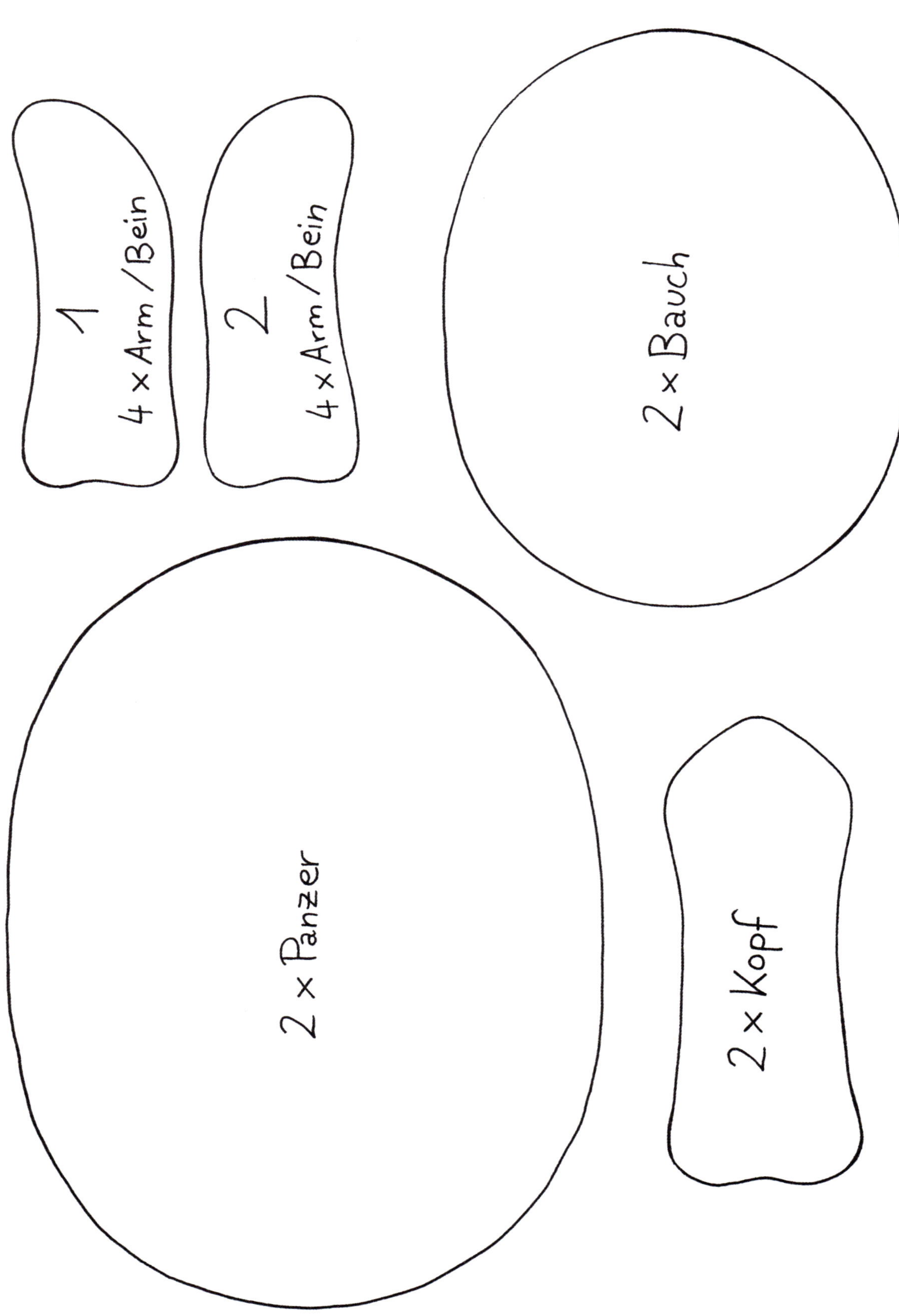

Nähanleitung Schildi Schildkröte

Material

Verschiedene Stoffreste (Panzer: 2 × 16 cm × 20 cm, Bauch: 2 × 14 cm × 16 cm, Kopf: 2 × 14 cm × 8 cm, Arme/Beine: 8 × 7 cm × 12 cm), Nadel/Nähmaschine, Kreide, Stecknadeln, Schere, Nähgarn, Füllmaterial, Wackelaugen oder wasserfester Stift

Schneiden Sie die Einzelteile der Kopiervorlage mit Nahtzugabe (ca. 1 cm) aus, übertragen Sie diese auf den Stoff und schneiden Sie die einzelnen Teile zu.

Legen Sie die beiden Teile für den Kopf rechts auf rechts und nähen Sie sie zusammen. Nehmen Sie für jeden Arm bzw. jedes Bein je ein Schnittteil Arm/Bein 1 und Arm/Bein 2. Legen Sie die beiden Teile ebenfalls rechts auf rechts und nähen Sie sie zusammen. Wiederholen Sie diesen Vorgang noch bei den anderen drei Armen/Beinen.
Lassen Sie sowohl bei den Armen/Beinen als auch beim Kopf unten eine Öffnung zum Wenden. Füllen Sie nach dem Wenden alles mit etwa 2/3 Füllmaterial.

Nähen Sie die beiden Teile für den Bauch rechts auf rechts zusammen. Lassen Sie eine kleine Wendeöffnung. Nach dem Wenden stopfen Sie den Bauch leicht aus. Sie können die Öffnung entweder von Hand mit ein paar Stichen schließen oder Sie warten bis die Arme und der Kopf festgesteckt sind und steppen dann alles einmal rundherum ab.

Stecken Sie die Arme/Beine und den Kopf sternförmig am Bauch fest. Legen Sie das Ganze mittig auf die Panzerunterseite, sodass die Enden der Gliedmaßen zwischen Bauch und Panzer versteckt sind und stecken Sie sie fest. Achten Sie darauf, dass die bedruckte Seite des Panzers dabei zu sehen ist. Steppen Sie alles einmal rundherum ab.

Klappen Sie den Kopf und die Arme/Beine nach innen. Legen Sie die Panzeroberseite mit der rechten Seite nach unten auf die Schildkröte und stecken Sie sie fest. Lassen Sie hier beim Nähen eine etwas größere Wendeöffnung.
Stopfen Sie, nach dem Wenden, den Panzer aus. Auch hier können Sie die Öffnung entweder von Hand mit ein paar Stichen schließen oder Sie steppen alles einmal rundherum ab. Dann noch die Augen aufmalen – fertig!

Tipps

Als Füllung eignen sich – neben der klassischen Füllwatte – auch Kirschkerne (um warm gemacht zu werden) oder Lavendel (zum Entspannen und besseren Einschlafen).
Setzen Sie die Panzeroberseite aus verschiedenen Stoffen zusammen. Das gibt eine interessante Optik.
Achten Sie auf ein sauberes Umnähen, damit die Nähte nicht aufgehen!

Der Yoga-Würfel

Waldmandala

Sorgenfreie Seerosen

Meine Schildkröte

Über die Autorin

Claudia Hohloch, geboren 1981 in Schwäbisch Hall, ist verheiratet und lebt mit ihrem Mann und ihren beiden Töchtern in Gaildorf in Baden-Württemberg. Seit 2013 ist sie als Entspannungstrainerin, Aerial Yoga Trainerin und integrative Lerntherapeutin tätig und bietet Kurse für Kinder, Jugendliche und Erwachsene in allen Lebenslagen an. Sie arbeitet in ihren eigenen Räumlichkeiten, aber auch in Volkshochschulen, Kindergärten und Grundschulen sowie in verschiedenen Vereinen. Ihr Ziel ist es, ihre großen und kleinen TeilnehmerInnen mit Elementen aus Yoga, Kinesiologie und Qigong für ihre innere Stärken zu sensibilisieren und durch kleine Entspannungsinseln im Alltag für mehr Ausgeglichenheit zu sorgen.

Mit besonderem Dank an:

Lana & Zoé und
das ganze Team von
Schildi Schildkröte!

In dieser Reihe sind bereits erschienen:

Schildi Schildkröte macht stark
Die besten Übungen aus Yoga und Kinesiologie für mehr innere Stärke
ISBN: 978-3-96046-101-2

Schildi Schildkröte erzählt gern
Die besten Übungen aus Yoga und Kinesiologie für die Sprachförderung
ISBN: 978-3-96046-102-9